Special Thanks to

세상이 아무리 바쁘게 돌아가더라도
책까지 아무렇게나 빨리 만들 수는 없습니다.

길벗은 독자 여러분이
가장 쉽게, 가장 빨리 배울 수 있는 책을
한 권 한 권 정성을 다해 만들겠습니다.

독자의 1초를 아껴주는 정성을 만나보세요.

미리 책을 읽고 따라해 본 2만 베타테스터 여러분과
무따기 체험단, 길벗스쿨 엄마 2% 기획단,
시나공 평가단, 토익 배틀, 대학생 기자단까지!
믿을 수 있는 책을 함께 만들어주신 독자 여러분께 감사드립니다.

세상 쉬운

디지털 새내기를 위한

블로그

무작정 따라하기

'율디_컴퓨터 기초'
크리에이터 곽은지 지음

길벗

세상 쉬운
디지털 새내기를 위한 블로그 무작정 따라하기
The Cakewalk Series - The Basics of Blog for Digital Newbie

초판 1쇄 발행 · 2024년 2월 1일

지은이 · 곽은지
발행인 · 이종원
발행처 · (주)도서출판 길벗
출판사 등록일 · 1990년 12월 24일
주소 · 서울시 마포구 월드컵로 10길 56(서교동)
대표 전화 · 02)332-0931 | **팩스** · 02)323-6766
홈페이지 · www.gilbut.co.kr | **이메일** · gilbut@gilbut.co.kr

기획 및 편집 · 연정모(yeon333718@gilbut.co.kr), 박슬기(sul3560@gilbut.co.kr) | **표지 및 본문 디자인** · 박상희
제작 · 이준호, 손일순, 이진혁, 김우식 | **영업마케팅** · 전선하, 차명환, 박민영 | **유통혁신** · 한준희
영업관리 · 김명자 | **독자지원** · 윤정아

편집진행 · 안혜희 | **전산편집** · 김정미 | **CTP 출력 및 인쇄** · 교보피앤비 | **제본** · 경문제책

ISBN 979-11-407-0829-1 03000
(길벗 도서코드 007184)

정가 22,000원

독자의 1초를 아껴주는 정성 길벗출판사

(주)도서출판 길벗 · IT교육서, IT단행본, 경제경영, 교양, 성인어학, 자녀교육, 취미실용 ▸ www.gilbut.co.kr
길벗스쿨 · 국어학습, 수학학습, 어린이교양, 주니어 어학학습, 학습단행본 ▸ www.gilbutschool.co.kr

페이스북 ▸ www.facebook.com/gilbutzigy
네이버 포스트 ▸ post.naver.com/gilbutzigy

"여러분은 어떤 세상에서 살고 있나요?"

세상이 많이 바뀌었죠?
이전에는 얼굴을 맞대고 대화했지만,
지금은 모니터 화면을 보면서 이야기를 주고받고
필요한 게 있다면 상점에 가기보다
스마트폰으로 쇼핑을 합니다.
컴퓨터와 스마트폰만 있으면
언제 어디서든, 무엇이든 할 수 있어요.

하지만
이런 디지털 세상이
모두에게 쉽고 편리한 건 아니었어요.

그래서
'모두가 행복한 디지털 세상'을 바라며
유튜브 채널을 통해
다양한 디지털 정보를 제공하고 있습니다.

이 책을 통해
디지털 세상에 한 발자국 더 가까이 다가가기를 바랍니다.

"디지털 세상에서 소통하세요!"

여러분들의 생각, 감정, 정보를 나눌 수 있는 디지털 공간을 소개합니다.
그리고 이곳에서 마음껏 다른 사람들과 즐겁게 소통할 수 있습니다.

바로 '네이버 블로그'입니다.

컴퓨터와 스마트폰만 있으면 누구나 디지털 세상으로 들어갈 수 있죠?
여러분은 디지털 세상에서 무엇을 하나요?
주로 다른 사람들이 쓴 글과 동영상을 봅니다. 그럼 이런 생각해 본 적 없나요?

'나도 나만의 이야기를 하고 싶어.'
'내가 알고 있는 정보를 다른 사람과 나누고 싶어.'
'하지만 어떻게 하는 건지 전혀 모르겠어.'

특히 컴퓨터 사용이 익숙하지 않다면 더욱 막막하게 느껴지죠?
'컴퓨터'를 잘 다루지 못해도 괜찮습니다. 차근차근 무작정 따라 하시면 충분히 할 수 있어요!
그리고 내 손 안의 작은 컴퓨터인 '스마트폰'으로도 충분히 할 수 있어요!

디지털 세상에서 소통할 수 있는 아주 쉬운 방법을 이 책에 모두 꾹꾹 눌러 담았습니다.
더는 주저하지 마세요!
지금 바로 다음 장을 펼쳐 시작해 봅시다!

마지막으로 항상 응원해 주시고 힘이 되어 주시는 부모님,
매주 강의 영상을 한결같이 기다려주시는 유튜브 욜디 채널 구독자분들,
좋은 책을 집필할 수 있도록 도움 주신 길벗출판사의 담당 편집자님,
행복한 디지털 세상을 만들어 가는 길을 평생 함께 걸어줄 동현 씨,
모두에게 감사의 인사를 전합니다. :)

곽은지

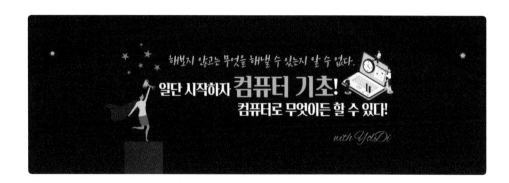

곽은지 | yoldigital-2020@naver.com

PC부터 인터넷, 모바일, 스마트 시대의 변화를 모두 경험한 디지털 세대,
교육에 첨단 기술을 더하는 교육공학 전공자,
12년 차 온라인 교육 콘텐츠 기획자입니다.

점점 가속화되는 디지털 사회에서 어려움을 겪는 분들을 위해
유튜브에서 컴퓨터 기초 강의를 시작했고,
모두가 행복한 '디지털 세상'을 바라는 마음을 담아 유튜브 채널을 운영하고 있습니다.

이제는 누구나 디지털 공간에서 일상을 기록하고, 이웃과 소통하며,
즐거움을 누릴 수 있도록 블로그 기초부터 차근차근 알려드릴게요.

- ☑ 소소한 일상이지만 디지털 공간에 기록하고 싶은 분
- ☑ 온라인 공간에서 나의 글과 사진을 나누고 싶은 분
- ☑ 이왕이면 내가 올린 글과 사진으로 수익도 얻고 싶은 분

저자와 소통할 수 있는 공간

네이버 블로그	유튜브	인스타그램
blog.naver.com/yoldigital-2020	www.youtube.com/@yoldigitall	www.instagram.com/yoldigital

이번 장에서 배울 내용을
미리 읽어보세요.

알쏭달쏭 궁금한 내용은 **Q&A**에서
해결해 드릴게요.

꼭 알아야 할 블로그 기초
상식을 익혀보세요.

QR 코드를 통해 욜디쌤의 영상 강의를
바로 시청할 수 있어요.

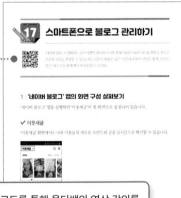

생소한 용어는 **미니 사전**에서
꼼꼼하게 알려줄게요.

무작정 따라하기에서는 실제로 나만의 블로그를 만들어 보면서 실습해 보세요.

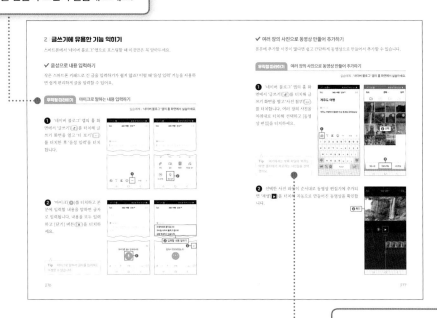

더 알아두면 좋은 내용은 **Tip**으로 짚어줄게요.

QR 코드로 영상 강의를 시청해 보세요.

책에 실린 **QR 코드**를 통해 율디쌤의 영상 강의를 바로 시청할 수 있습니다.
옆에서 알려주듯 친절하게 설명하는 율디쌤의 영상 강의까지 들으면서 공부하면 학습 효과가 2배가 됩니다.

1 영상 강의가 필요한 순간, 제목 왼쪽의 QR 코드를 찾습니다.

2 스마트폰 카메라를 실행하고 QR 코드를 비춰보세요.

3 영상 강의를 시청할 수 있는 링크가 나타나면 화면을 터치해 강의를 시청합니다.

이것만은 꼭! 핵심 Q&A

목차

부록 실습 파일 사용법

책의 내용을 따라 하고 싶은데 적당한 파일이나 폴더가 컴퓨터에 저장되어 있지 않다면,
길벗 홈페이지에서 부록을 다운로드해 보세요. 실습에 활용할 파일이 저장되어 있습니다.

1 길벗 홈페이지(www.gilbut. co.kr)에 접속해 검색 창에 '디지털 새내기를 위한 블로그 무작정 따라 하기'를 입력하고 Enter를 누르세요.

2 해당 도서의 페이지에서 [자료실]을 클릭해 부록 실습 파일을 다운로드하세요.

3 압축을 해제해 실습에 활용해 보세요.

무엇이든 물어 보세요!

문의 사항이 있을 경우 길벗 홈페이지의 [고객센터] – [1:1 문의] 게시판에 질문을 등록해 보세요.
길벗 독자지원센터에서 친절하게 답변해 드립니다.

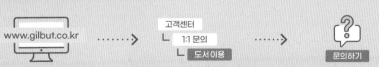

1 길벗 홈페이지(www.gilbut.co. kr)에 회원 가입 후 로그인합니다.

2 [고객센터] – [1:1 문의] 게시판에서 '도서 이용'을 클릭하고 책 제목을 검색합니다.

3 '문의하기'를 클릭해 새로운 질문을 등록합니다.

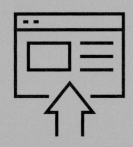

내 삶을 기록하는
작은 온라인 세상,
블로그 시작하기

01 블로그가 뭐죠?

인터넷에서 '제주도'를 검색해 볼까요? 포털 사이트에서 '제주도'를 검색하면 뉴스 기사, VIEW, 사전, 지식iN, 이미지, 동영상 등에서 검색어 '제주도'와 관련된 정보를 확인할 수 있어요. 그중에서 가장 눈길이 가는 정보는 바로 블로그에 포스팅된 글입니다. '제주도 맛집 먹방 여행', '제주도 구좌읍에 가서 볼만한 곳', '제주도 관광지 추천 코스', '제주도 여행 선물'과 같은 제목으로 쓴 블로그 글은 블로거가 실제로 제주도에 방문한 후 직접 경험한 정보를 정리한 것이므로 실용적인 꿀팁이 아주 많습니다. 여행지나 맛집을 다녀온 경험이나 나만의 노하우를 다른 사람들과 공유하고 싶다는 생각을 할 때가 있죠? 이런 경우에 '네이버 블로그'를 이용하면 여러분도 인터넷에 정보를 제공하는 창작자가 될 수 있습니다.

1 블로그란?

'블로그(blog)'는 인터넷을 의미하는 '웹(web)'과 기록을 뜻하는 '로그(log)'의 합성어로, 자신의 다양한 관심사를 자유롭게 기록해 공유하는 인터넷 공간을 말합니다. 쉽게 말해서 블로그는 인터넷에서 다른 사람과 공유하는 '노트'와 같습니다. 빨간색 노트에는 나의 감정을 가득 담은 일기를 쓰고, 파란색 노트에는 여행을 다녀와서 여행지의 정보를 정리하며, 노란색 노트에는 내가 알고 있는 나만의 노하우를 적듯이 내 블로그에 여러 카테고리를 만들어 두고 각각 구분해서 글을 올릴 수 있어요. 이렇게 올린 글은 많은 사람과 공유하면서 소통할 수 있으므로 여러분도 자신만의 블로그를 개설하고 관리하는 '블로거(blog-ger)'가 되어 보세요.

✔ 블로그의 종류

블로그는 크게 '설치형 블로그'와 '가입형 블로그'로 구분할 수 있습니다.

1 설치형 블로그

설치형 블로그는 블로그 설치 프로그램을 컴퓨터에 다운로드해 직접 제작하는 블로그로, 워드프레스(WordPress)와 텍스트큐브(Textcube) 등이 대표적입니다. 설치형 블로그는 사용자가 직접 제작하므로 자유롭게 블로그를 꾸미고 독립적으로 운영할 수 있어요. 하지만 컴퓨터, 네트워크 지식, 프로그래밍 언어와 같은 관련 지식이 필요하고 설치 비용이 발생합니다.

2 가입형 블로그

가입형 블로그는 블로그 서비스를 제공하는 웹 사이트에 회원으로 가입해 생성하고 운영하는 블로그로, 네이버 블로그가 대표적입니다. 프로그래밍 지식이 없어도 기본적으로 제공되는 레이아웃과 스킨 등을 이용해서 무료로 쉽게 만들 수 있습니다. 하지만 꾸미는 데 한계가 있어서 차별화가 어렵고 글이 부적절하다고 판단되면 경고나 삭제 조치가 취해질 수 있습니다.

어떤 블로그를 선택하면 좋을까요?

이 책에서는 가입형 블로그인 네이버 블로그를 개설하고 운영하는 방법을 다룹니다. 네이버는 우리에게 익숙한 포털 사이트로, 회원 가입이 쉽고 방문자도 많습니다. 따라서 네이버 블로그는 '네이버 블로그' 모바일 앱으로도 쉽게 관리할 수 있어서 초보 블로거들에게 적극 추천합니다. 경험과 정보의 공유, 그리고 새로운 사람들과 소통할 수 있는 네이버 블로그를 잘 익혀보세요.

2 | 내 블로그 시작하기

본격적으로 나만의 블로그를 만들어 볼게요. 무엇부터 시작해야 할지 막막한가요? 너무 걱정하지 마세요. 이 책을 읽고 차근차근 따라 해 보면 블로그 주제를 잡고 블로그를 개설한 후 운영까지 모두 잘할 수 있을 거예요.

✔ 블로그의 시작! 주제 정하기

먼저 블로그를 개설하기 전에 내 블로그에 어떤 이야기를 담을 것인지 생각해 봅시다. 모든 초보 블로거가 어려워하는 것 중 하나는 바로 주제를 정하는 것입니다. 다음 질문에 스스로 답해 보면서 자신에게 맞는 주제를 발견해 보세요.

- 요즘 무엇에 관심이 있나요?

> 가족, 건강, 경력, 공부, 공예, 교육, 금융, 기술, 꿀팁, 다이어트, 동기 부여, 리더십, 리뷰, 마케팅, 맛집, 명상, 메이크업, 미술, 부동산, 브랜딩, 비즈니스, 사랑, 사업, 사진, 생활, 생활 정보, 스트레스 관리, 스포츠, 식물, 애완동물, 여행, 영업, 영화, 예술, 운동, 육아, 음식, 음악, 인테리어, 자기 계발, 자동차, 장비, 자연, 재테크, 정치, 종교, 집안 꾸미기, 책, 패션, 헤어, 환경, TV 등

- 다른 사람과 공유하고 싶은 나만의 노하우가 있나요?
- 주로 무엇을 하면서 하루를 보내나요?
- 휴대전화에 어떤 사진과 동영상이 저장되어 있나요?
- 어떤 활동을 할 때 즐거움을 느끼나요?

바로 주제가 떠오르지 않아도 괜찮습니다. 눈에 잘 띄는 곳에 질문을 적어 붙여놓고 충분히 고민해 보세요!

✔ 블로그의 홈 살펴보기

주제가 잘 떠오르지 않는다면 다른 사람들은 어떤 주제로 블로그를 운영하고 있는지 살펴보는 것도 좋은 방법입니다. 블로그의 홈에서 다양한 블로그를 확인해 볼까요? 네이버의 홈 화면에서 '블로그'를 클릭해 보세요.

그러면 네이버 블로그의 홈 화면이 열립니다.

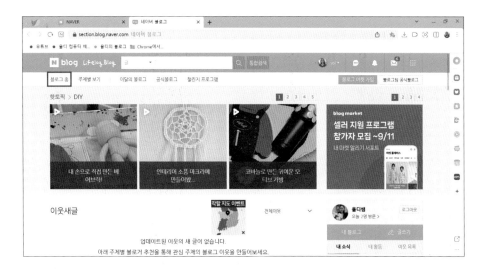

1 주제별 보기

'주제별 보기'를 선택하면 블로그 주제별로 포스팅된 글을 확인할 수 있습니다. 관심 주제를 설정해 관심 있는 분야의 새로운 글을 확인해 보세요.

실습예제 | 네이버 블로그의 홈 화면에서 실습하세요.

1 네이버의 홈 화면에서 '블로그'를 클릭합니다. 네이버 블로그의 홈 화면이 열리면 '주제별 보기'에서 '관심주제'를 선택하고 '설정'(⚙)을 클릭합니다.

> **Tip** | 네이버에 로그인한 상태여야 '설정'(⚙)이 표시됩니다. 네이버에 회원 가입해서 로그인하는 방법은 23쪽을 참고하세요.

2 관심 주제와 키워드 목록이 표시되면 관심 있는 주제와 키워드를 차례대로 선택해 체크 표시하고 [확인]을 클릭합니다. 관심 주제와 키워드는 최대 10개까지 등록할 수 있어요.

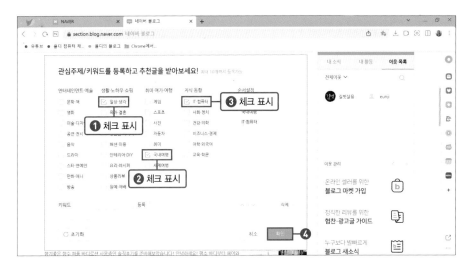

❸ 선택한 관심 주제와 키워드가 표시되면 관련된 블로그 글을 확인합니다.

② 이달의 블로그

'이달의 블로그'를 선택하면 32개의 기본 주제 중에서 매월 4~6개의 주제를 선정해 해당 주제를 중심으로 다루는 블로그를 최대 20개까지 추천받을 수 있습니다.

Tip | '20**년 *월'을 선택해서 이전에 선정된 블로그도 확인할 수 있어요.

블로그의 시작!
네이버에 회원 가입하기

우리에게 익숙한 네이버 포털 사이트에 회원 가입만 하면 아주 쉽고 빠르게 나만의 온라인 공간인 '블로그'를 만들 수 있어요. 그런데 회원 가입이 어렵게 느껴지나요? '무작정 따라하기' 실습을 순서대로 차근차근 따라 해 보면 충분히 네이버 회원에 가입할 수 있어요. 또는 휴대전화의 카메라로 왼쪽의 QR 코드를 비춰보세요. 그러면 율디 쌤의 친절하고 다정한 강의 동영상을 보면서 쉽게 배울 수 있답니다. 자! 주저하지 말고 지금 당장 시작해 봅시다.

1 | 네이버에 회원 가입하기

블로그를 운영하려면 가장 먼저 포털 사이트인 네이버에 회원으로 가입해야 합니다. 이미 네이버에 회원 가입해 '네이버 메일'을 이용하고 있다면 이번 내용은 건너뛰고 33쪽 '내 블로그 만들기'부터 따라 해 보세요.

 네이버 카페나 밴드 앱을 사용중이면 네이버에 회원 가입할 필요가 없나요?

네, 맞습니다. 네이버 포털 사이트에 회원으로 가입하면 메일뿐만 아니라 카페, 쇼핑, 블로그 등 다양한 서비스를 모두 이용할 수 있어요. 이미 네이버 회원이어서 카페 서비스나 밴드 앱을 이용하고 있다면 회원 가입할 필요 없이 기존 아이디로 블로그를 개설 및 운영할 수 있습니다.

▲ 네이버에 회원으로 가입하면 블로그뿐만 아니라 다양한 서비스를 이용할 수 있다.

✔ 회원 가입하기

새로운 아이디를 만들어서 네이버에 회원 가입해 볼게요.

네이버에 회원 가입하기

실습예제 | 마이크로소프트 엣지 브라우저에서 실습하세요.

❶ 웹 브라우저인 마이크로소프트 엣지(Microsoft Edge)나 네이버 웨일(Naver Whale), 크롬(Chrome) 중 하나를 선택해서 실행합니다. 여기에서는 윈도우 11의 기본 앱인 'Microsoft Edge' 바로 가기 아이콘(🌙)을 더블클릭했어요.

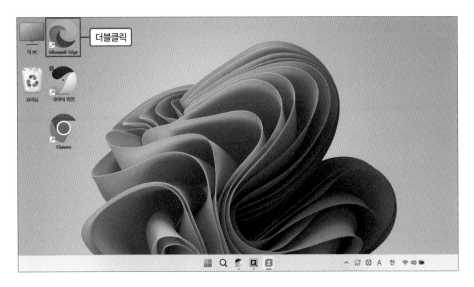

❷ 마이크로소프트 엣지가 실행되면 주소 표시줄에 'naver.com'을 입력하고 Enter를 누릅니다.

23

❸ 네이버의 홈 화면이 열리면 [회원가입]을 선택합니다.

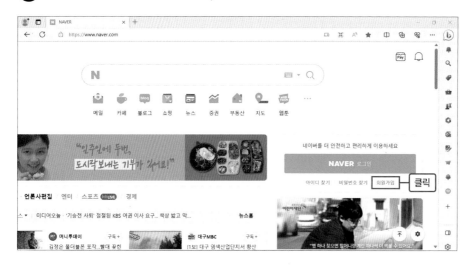

❹ 회원 가입 화면에서 네이버의 이용 약관 및 개인 정보 수집 및 이용 등에 대한 안내문을 확인합니다. '전체 동의하기'에 체크 표시하고 [다음]을 클릭하세요.

Tip | 전체 동의하지 않고 [필수] 항목만 동의해도 됩니다.

⑤ 회원 정보를 입력하는 화면이 열리면 아이디와 비밀번호, 이름과 생년월일, 성별 등 각 항목을 작성합니다.

- **아이디**: 5~20자의 영문 소문자, 숫자와 특수 기호(-, _)를 조합해서 만드세요.
- **비밀번호**: 8~16자의 영문 대/소문자, 숫자, 특수 문자를 조합해서 만드세요.

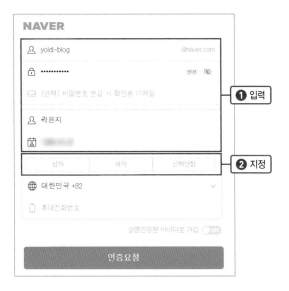

⑥ '실명인증된 아이디로 가입'을 'ON'으로 변경하고 휴대전화의 번호 인증을 진행합니다. 성별과 내국인 및 외국인을 선택하고 '인증 약관 전체동의'에 체크 표시한 후 [인증요청]을 클릭하세요.

- **통신사**: 'SKT', 'KT', 'LGU+', '알뜰폰' 중 본인 명의의 휴대전화 통신사를 선택하세요.

Tip | 가입 인증 문자가 수신되지 않으면 27쪽을 참고하세요.

7 휴대전화의 문자 메시지로 전송된 인증번호 여섯 자리를 입력하고 [가입하기]를 클릭합니다.

8 회원 가입이 완료되면서 블로그뿐만 아니라 네이버의 모든 서비스를 이용할 수 있어요. '네이버 홈'을 클릭하면 자동으로 로그인된 네이버의 홈 화면으로 이동합니다.

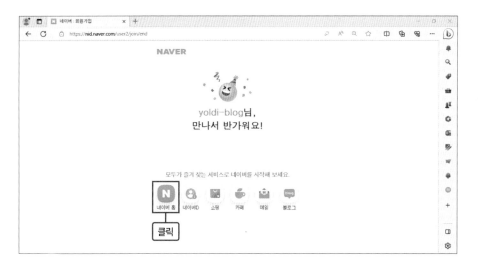

✔ 회원 가입 Q&A

네이버에 회원 가입할 때 궁금한 점을 질문해 보고 답변해 보겠습니다.

Q. 꼭 실명 인증을 해야 하나요?

A. 네, 실명 인증을 하는 것이 좋습니다. 네이버에 회원 가입할 때 본의 명의의 휴대전화 인증을 통해 '실명 회원'이 되면 네이버의 전체 서비스를 이용할 수 있어요. 하지만 실명 전환을 진행하지 않은 '비실명 회원'은 일부 서비스 이용이 제한됩니다.

비실명 회원이 사용할 수 있는 서비스	비실명 회원이 사용할 수 없는 서비스
메일, 블로그, 쪽지 등 개인 영역의 서비스	쇼핑, 네이버페이, MYBOX, 웹툰 등 결제가 포함된 서비스

비실명 회원도 블로그 서비스를 사용할 수 있어요. 하지만 블로그 포스팅(글쓰기)을 할 때 필요한 사진 파일이나 동영상 파일 등을 관리하기 위한 MYBOX(클라우드) 서비스를 사용할 수 없으므로 실명 회원으로 가입하는 것을 적극 추천합니다.

Q. 아이디를 여러 개 만들 수 있나요? 기존 아이디 말고 새로운 아이디 만들고 싶어요.

A. 네, 가능합니다. 하지만 실명 인증 아이디의 경우에는 하나의 주민등록번호당 '총 3개'의 아이디만 만들 수 있어요.

Q. 회원 가입을 하는데 인증 문자가 오지 않아요.

A. 인증 번호를 받지 못했다면 다음의 경우 중 하나이므로 확인해 보세요.

❶ **가입 인증 횟수 및 개수 제한 확인**
네이버는 휴대전화 번호 인증을 통해 일정 기간 안에 정해진 개수의 아이디로만 가입할 수 있습니다. 다음은 가입 인증 기준입니다.
- 휴대전화 번호당 1개월에 1회 인증 가능
- 휴대전화 번호당 6개월에 최대 3회 인증 가능
- 휴대전화 번호당 총 3개의 아이디 가입 가능

❷ **스팸 메시지 차단 설정 확인**
휴대전화에서 스팸 메시지로 차단 설정되었는지 확인하고 인증 문자 수신을 다시 시도해 보세요. 또한 1588 번호로 온 문자가 차단되었는지도 확인합니다.

Q. 같은 명의의 아이디가 많아서 실명 전환을 할 수 없어요.

A. 이미 3개의 실명 인증 아이디를 보유하고 있다면 더 이상 실명을 인증할 수 없습니다. 새로운 아이디를 실명 인증하려면 기존 아이디를 탈퇴한 후 실명 인증을 진행해야 합니다. 기존에 가입한 아이디가 기억나지 않아 회원 탈퇴가 어렵다면 본인 명의의 휴대전화 또는 아이핀으로 인증하고 회원 가입한 아이디 전체를 확인한 후 정리할 수 있습니다.

무작정 따라하기　**사용하지 않는 네이버 아이디 정리하기**

실습예제 | 네이버의 홈 화면에서 실습하세요.

❶ 네이버에서 '네이버 아이디 찾기'를 검색합니다.

② 검색 결과가 나타나면 '네이버 내정보 관리'에서 '아이디 찾기'를 선택합니다.

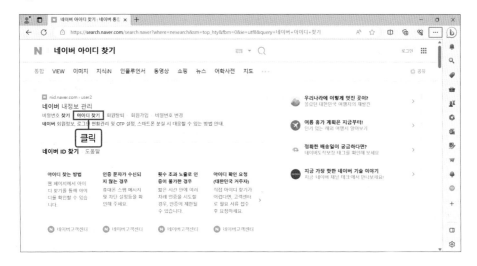

③ [네이버 아이디]를 클릭합니다.

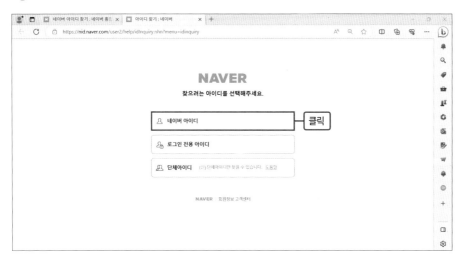

4 '회원정보에 등록한 휴대전화로 인증' 또는 '본인확인 이메일로 인증' 중 하나를 선택해 인증을 진행합니다.

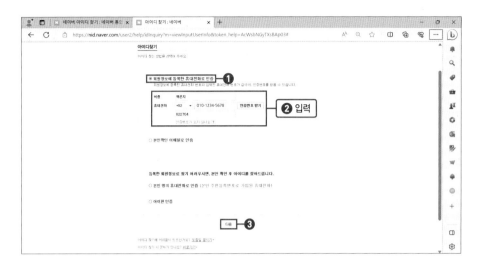

> **Tip** | 회원 가입할 때 등록한 휴대전화 번호나 이메일 주소가 정확하지 않으면 본인 확인(본인 명의 휴대전화 번호 인증, 아이핀 인증)을 진행한 후 아이디를 찾을 수 있어요.

5 가입한 자신의 아이디와 가입일을 확인할 수 있습니다. 탈퇴할 아이디를 선택하고 [비밀번호 찾기]를 클릭하세요.

6 새로운 비밀번호를 다시 설정하고 [확인]을 클릭합니다.

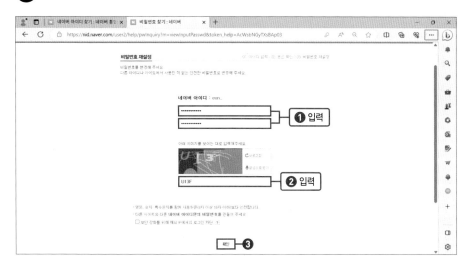

7 비밀번호가 변경되었다는 메시지 창이 열리면 [확인]을 클릭합니다.

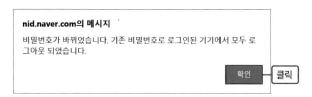

8 찾은 아이디로 로그인한 후 '네이버 탈퇴'를 검색하고 '네이버 내정보 관리'에서 '회원 탈퇴'를 선택합니다.

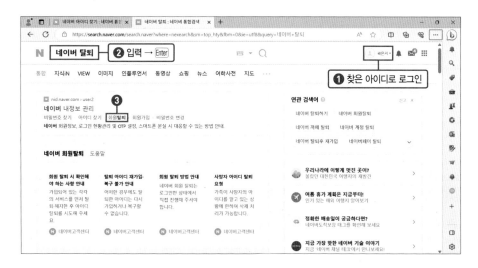

9 탈퇴 안내 사항을 확인하고 '안내 사항을 모두 확인하였으며, 이에 동의합니다.'에 체크 표시한 후 [확인]을 클릭합니다. 이때 탈퇴한 아이디는 재사용 및 복구할 수 없으므로 신중하게 선택하세요.

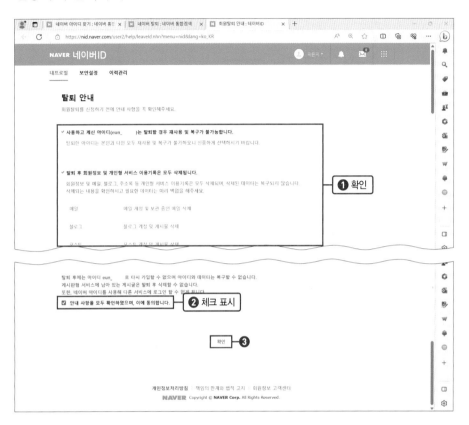

10 네이버의 홈 화면으로 되돌아오면 [회원가입]을 선택해 다시 회원 가입을 진행합니다.

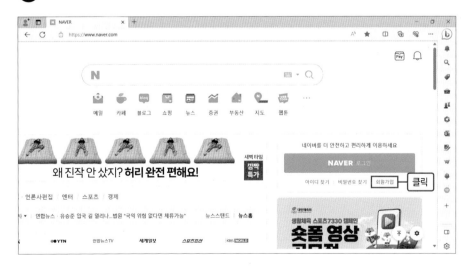

2 | 내 블로그 만들기

네이버에 로그인하면 블로그 서비스를 무료로 이용할 수 있습니다. 이번에는 내 블로그에 접속해서 블로그를 만들고 프로필을 등록해 볼게요.

✔ 블로그 아이디 만들기

네이버의 아이디와 비밀번호를 이용해 로그인해서 블로그 아이디를 만들어 보겠습니다.

무작정 따라하기 **블로그 아이디 만들기**

실습예제 | 네이버의 로그인 화면에서 실습하세요.

❶ 네이버에서 아이디와 비밀번호를 입력하고 [로그인]을 클릭합니다.

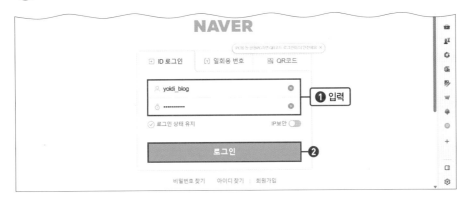

Tip | 공용 컴퓨터를 사용한다면 개인 정보를 보호하기 위해 '로그인 상태 유지'에 체크 표시하지 마세요.

❷ 네이버에 로그인했으면 '블로그'를 선택하세요.

33

③ 블로그 아이디가 필요하다는 창이 열리면 [블로그 아이디 만들기]를 클릭합니다.

④ 영문 소문자, 숫자, 특수 문자(-, _)를 조합해서 5~20자의 블로그 아이디를 입력합니다. 설정한 아이디는 다시 변경할 수 없으므로 신중하게 입력하세요. 입력한 아이디를 사용할 수 없다면 추천받은 아이디 중 하나를 선택하거나 입력한 아이디 뒤에 숫자나 특수 문자를 넣어 만듭니다.

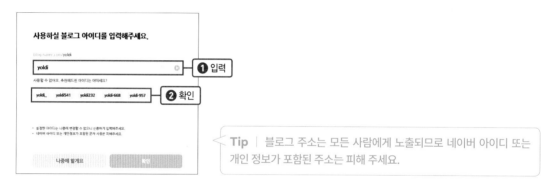

Tip | 블로그 주소는 모든 사람에게 노출되므로 네이버 아이디 또는 개인 정보가 포함된 주소는 피해 주세요.

⑤ 사용할 수 있는 아이디를 입력했으면 [확인]을 클릭합니다. 블로그 아이디는 한 번 설정하면 다시 변경할 수 없으므로 입력한 아이디를 확인하고 [확인]을 클릭합니다.

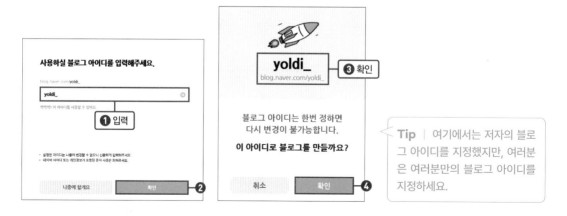

Tip | 여기에서는 저자의 블로그 아이디를 지정했지만, 여러분은 여러분만의 블로그 아이디를 지정하세요.

❻ 블로그 아이디가 만들어지면서 블로그 주소를 확인할 수 있습니다. 주소 표시줄에 블로그 주소 'blog.naver.com/블로그 아이디'를 입력하면 곧바로 내 블로그 페이지로 이동합니다. 필자의 경우에는 'blog.naver.com/yoldi_'를 입력하면 내 블로그로 이동할 수 있어요.

무작정 따라하기 블로그에 프로필 등록하기

실습예제 | 앞의 실습을 계속 이어서 따라 해 보세요.

❶ 블로그 아이디가 만들어졌다는 화면에서 [추가정보 입력하기]를 클릭합니다.

② 　기본 정보를 입력하라는 창이 열리면 프로필 사진을 등록하고 별명, 블로그명, 블로그 주제를 지정한 후 [다음]을 클릭하세요.

 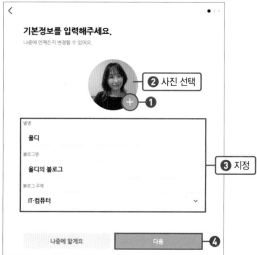

❶ 프로필 사진 등록: ➕를 클릭해 네이버에서 기본적으로 제공하는 이미지를 선택하거나 [사진 업로드]를 클릭해 원하는 사진을 선택합니다.

❷ 별명: 별명에는 특수 문자를 입력할 수 없습니다.

❸ 블로그명: 아이디를 이용해서 임의로 만들어진 블로그명을 삭제하고 원하는 블로그명을 입력합니다.

❹ 블로그 주제: 블로그 주제를 선택합니다.

> **Tip** | 당장 멋진 별명이나 블로그명이 생각나지 않으면 [나중에 할게요]를 클릭해서 충분히 고민한 후 설정해도 됩니다.

③ 　관심 분야를 선택하고 [다음]을 클릭합니다.

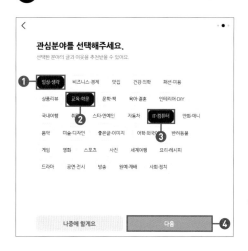

> **Tip** | 관심 분야를 선택하면 해당 분야의 글과 이웃을 추천받을 수 있어요.

4 선택한 관심 분야의 인기 블로거를 추천받으면 [이웃추가]를 클릭해서 이웃을 맺을 수 있습니다. [블로그 시작하기]를 클릭하세요.

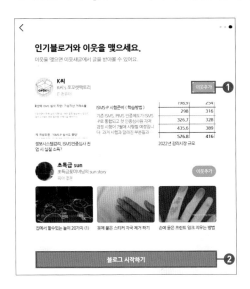

5 내 블로그의 홈 화면이 열리면 차근차근 블로그를 꾸밀 수 있어요.

# 03 네이버 웨일에서 블로그 실행하기

 인터넷을 할 때 주로 어떤 웹 브라우저를 사용하나요? 마이크로소프트 엣지나 크롬이죠? 자, 그러면 이제부터 새로운 웹 브라우저인 네이버의 '웨일(Whale)'을 사용해 보세요. 웨일은 기능이 다양하므로 검색뿐만 아니라 블로그를 운영하는 데도 아주 편리하답니다. 이번에는 내 컴퓨터에 네이버 웨일 브라우저를 설치하고 내 블로그에 접속해 보겠습니다.

1 │ 내 컴퓨터에 네이버 웨일 브라우저 설치하기

네이버에서 제작한 웹 브라우저 '웨일(Whale)'로 블로그 서비스를 이용해 볼게요.

 웹 브라우저(web browser)

웹 브라우저는 인터넷 웹 페이지를 볼 수 있게 해 주는 프로그램으로, 구글의 '크롬', 마이크로소프트의 '엣지', 네이버의 '웨일' 등 다양한 종류가 있어요.

✔ 네이버 웨일 설치하기

23쪽에서 사용한 마이크로소프트 '엣지'와 달리 네이버 '웨일'은 윈도우 11의 기본 프로그램이 아니므로 별도로 컴퓨터에 설치한 후 사용해야 합니다.

무작정 따라하기 　네이버 웨일 브라우저 설치하기

실습예제 | 네이버의 홈 화면에서 실습하세요.

❶ 네이버에서 '웨일'을 검색하고 'Naver Whale'의 [다운로드]를 클릭합니다.

❷ 'Naver Whale' 화면이 열리면 [웨일 다운로드]를 클릭하고 [다운로드] 창에서 '파일 열기'를 선택합니다.

> **Tip** | 윈도우 운영체제를 이용하고 있으면 윈도우 7 이상의 버전에서 네이버 웨일을 사용할 수 있어요.

③ 이 앱이 디바이스를 변경할 수 있도록 허용하겠느냐고 묻는 메시지 창이 열리면 [예]를 클릭합니다.

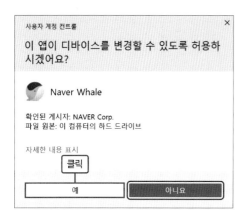

④ 서비스 이용 약관과 개인 정보 보호를 위한 백서를 확인하고 [동의 및 설치]를 클릭합니다.

5 웨일 브라우저를 다운로드하기 시작하면 잠시 기다리세요.

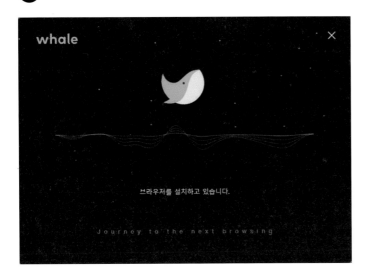

6 설치가 완료되면 네이버 웨일 브라우저가 실행됩니다.

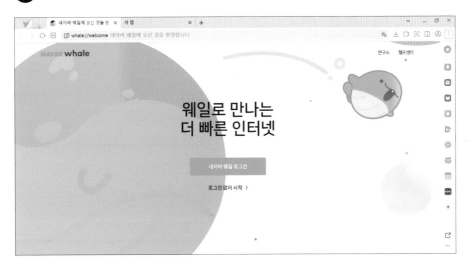

✔ 네이버 웨일의 기본 환경 설정하기

네이버 웨일을 편리하게 사용하기 위해 기본 환경을 설정해 볼게요.

무작정 따라하기 네이버 웨일 로그인하고 설정하기

실습예제 | 네이버 웨일 브라우저에서 실습하세요.

❶ 네이버 웨일의 시작 화면에서 [네이버 웨일 로그인]을 클릭합니다.

❷ [네이버 로그인] 창이 열리면 아이디와 비밀번호를 입력하고 [로그인]을 클릭합니다. 로그인하지 않은 기존 창을 닫을지 묻는 메시지 창이 열리면 [창 닫기]를 클릭하세요.

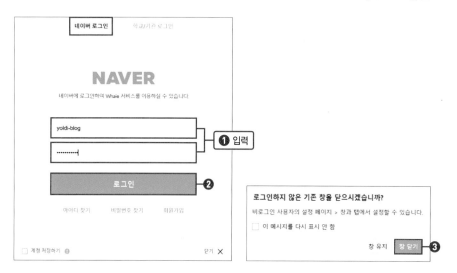

❸ 원래 사용하던 웹 브라우저의 즐겨찾기나 북마크를 쉽고 간단하게 네이버 웨일로 옮길 수 있습니다. '즐겨찾기/북마크 가져오기' 화면에서 웹 브라우저를 선택하고 [다음]을 클릭합니다.

Tip │ 즐겨찾기나 북마크를 옮길 필요가 없으면 [건너뛰기]를 클릭하세요.

❹ '스킨 컬러 선택하기' 화면이 열리면 웨일 웹 브라우저 창의 색상을 선택하고 [다음]을 클릭합니다.

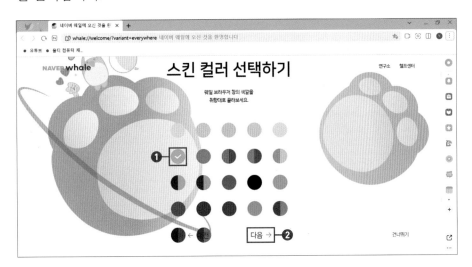

5 '새 탭 선택하기' 화면에서 새로운 탭을 열었을 때 보이는 기본 페이지를 선택하고 [완료]를 클릭합니다.

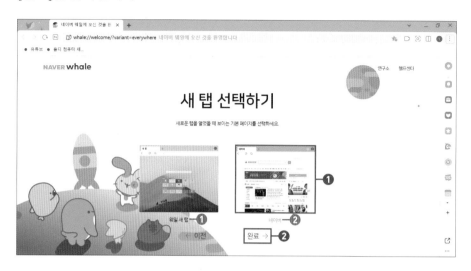

1 웨일 새 탭: 자주 방문하는 사이트가 즐겨찾기처럼 아이콘으로 표시됩니다.
2 네이버: 네이버의 홈 화면이 열립니다.

6 웨일 사용 가이드 화면이 표시되면 확인하고 [닫기] 버튼(✕)을 클릭합니다.

7 웨일의 새 탭이 표시되면 '설정'(⚙)을 클릭해 시작 페이지 화면에 배경 테마와 위젯 모드를 변경하고 자주 가는 사이트를 표시할 수 있습니다. 주소 표시줄의 왼쪽에 있는 Ⓝ 을 클릭하세요.

8 네이버의 홈 화면으로 이동했는지 확인합니다.

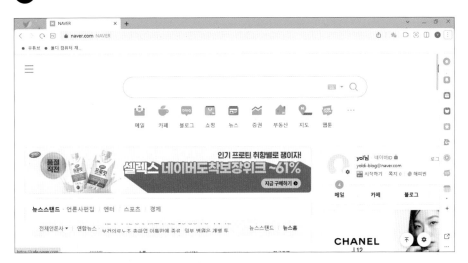

네이버 웨일을 실행할 때 웨일의 새 탭 대신 네이버의 시작 페이지를 열고 싶어요!

네이버의 [설정] 페이지를 열고 시작 페이지를 새 탭으로 지정하면 네이버 웨일을 새 탭이 아니라 네이버의 시작 페이지에서 열 수 있습니다.

▲ 새 탭에서 네이버 웨일을 연 경우

▲ 네이버 웨일에서 네이버의 홈 화면을 연 경우

1. 네이버에서 주소 표시줄의 오른쪽에 있는 '더 보기'(⋮)를 클릭하고 [설정]을 선택합니다.

2. [설정] 페이지가 열리면 [기본]을 선택하고 '시작 페이지'에서 '새 탭'을 선택한 후 '새 탭'의 '네이버를 새 탭으로 사용'을 활성화합니다.

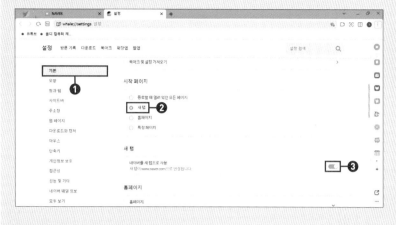

3. 다시 웨일 웹 브라우저를 실행하면 곧바로 네이버의 시작 페이지가 열립니다.

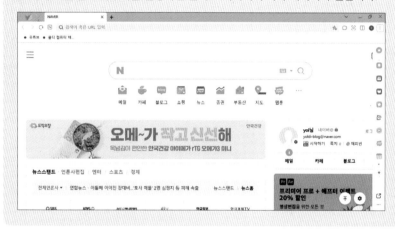

2 | 내 블로그에 접속하기

네이버 웨일 브라우저에서 더 쉽고 빠르게 내 블로그에 접속하는 방법을 알려줄게요.

✔ 내 블로그에 접속하기

다음 세 가지 방법으로 내 블로그에 접속할 수 있습니다.

방법 1 네이버에 로그인하고 '블로그'를 클릭한 후 '내 블로그'를 선택합니다.

방법 2 네이버의 홈 화면에서 위쪽에 있는 '블로그'를 클릭하고 [내 블로그]를 클릭합니다.

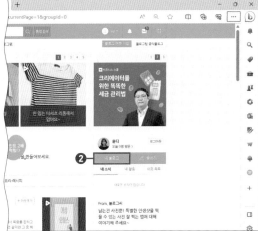

방법3 주소 표시줄에 블로그 주소를 입력하고 Enter를 누릅니다. 내 블로그 주소는 35쪽의 **6** 과정에서 확인할 수 있어요.

> **Tip** │ 블로그 전체 주소는 'https://blog.naver.com/블로그 아이디'이지만 'https://'를 생략하고 'blog.naver.com/블로그 아이디'만 입력해도 됩니다.

내 블로그의
기본 틀 잡기

04 내 블로그를 구석구석 살펴보자

처음 만든 내 블로그는 비어있는 흰색 도화지와 같아요. 흰색 도화지에 그림을 그리고 색을 칠해서 그림을 완성하듯이 텅 비어있는 블로그에도 나만의 개성과 생각으로 가득 채울 수 있습니다. 메뉴가 많고 복잡해 보이지만 차근차근 따라 하면 블로그를 쉽게 완성할 수 있습니다.

1 | 블로그 홈 화면의 구성 살펴보기

다음은 블로그의 홈 화면입니다. 방금 막 개설한 블로그의 홈 화면은 우리가 아는 블로그와 다르게 텅 비어 있어서 허전하고 예쁘지 않게 느껴질 거예요. 그래서 어디서부터 시작해야 할지 막막하겠지만 너무 걱정하지 마세요! 지금부터 내 블로그를 구석구석 살펴보고 멋지고 예쁘게 꾸밀 수 있는 [관리] 페이지에 대해서도 자세히 알아보겠습니다.

다음은 화면의 구성 요소를 설명하기 위해 모든 메뉴를 노출한 블로그의 홈 화면입니다. 그래서 블로그를 개설했을 때의 홈 화면 구성과 다르게 보일 수 있어요. 68쪽에서 설명하는 [관리] 페이지의 '꾸미기 설정'을 통해 화면 구성을 다양하게 변경할 수 있습니다.

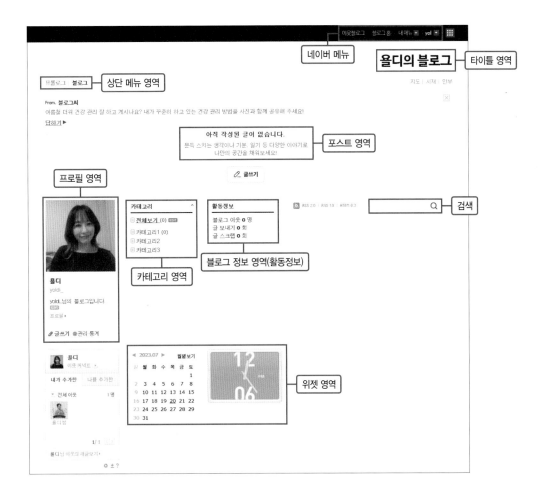

✔ 화면 구성 요소

블로그 화면은 네이버에서 제공하는 메뉴뿐만 아니라 타이틀 영역, 상단 메뉴 영역, 포스트 영역, 프로필 영역 등으로 구성되어 있습니다.

1 네이버 메뉴

네이버 메뉴를 정확하게 이해해야 블로그를 편리하게 이용할 수 있어요.

❶ **이웃블로그**: 이웃을 맺은 블로그를 확인할 수 있습니다.

❷ 블로그 홈: 블로그 홈 화면으로 이동할 수 있습니다.

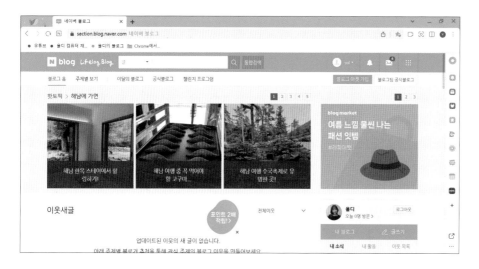

❸ 내 메뉴: 블로그를 관리할 수 있는 메뉴를 선택할 수 있습니다.

❹ 로그인 정보: 현재 로그인된 계정 정보를 확인할 수 있습니다.

2 타이틀 영역

타이틀 영역은 블로그의 첫인상을 결정하는 공간으로, 블로그의 제목이나 원하는 사진을
등록해 블로그의 주제나 성격을 나타낼 수 있습니다.

3 상단 메뉴 영역(프롤로그 블로그)

상단 메뉴 영역에서는 '프롤로그'와 '블로그' 중에서 원하는 블로그의 홈 화면 구성으로 변
경할 수도 있고 자주 사용하는 카테고리를 추가 및 배치할 수도 있습니다.

▲ '프롤로그'를 선택했을 때의 홈 화면　　　　　　▲ '블로그'를 선택했을 때의 홈 화면

4 포스트 영역

포스트 영역은 블로그에 작성된 글을 보여주는 공간입니다.

5 프로필 영역

프로필 영역은 내 블로그를 표현하는 프로필 이미지와 블로그명, 별명, 간략한 소개글을 나타내는 공간입니다.

6 카테고리 영역

카테고리 영역은 블로그에 포스팅한 글을 주제별, 분야별로 나누어 저장해서 방문자가 원하는 정보를 쉽고 빠르게 찾을 수 있도록 글의 목차를 보여주는 공간입니다.

7 블로그 정보 영역(활동정보)

블로그 정보 영역(활동정보)에서는 새로운 블로그 이웃의 수와 글 보내기 및 스크랩 현황을 확인할 수 있습니다.

검색을 통해 이전에 작성한 포스팅 내용을 쉽게 찾을 수 있습니다.

9 위젯 영역

위젯(widget)은 블로그에 등록해서 관심 있는 정보를 쉽게 접하고 이용할 수 있게 해 주는 작은 도구 모음입니다. 위젯 영역에서는 사업자 정보, 달력, 지도, 시계, 날씨, CCL(Creative Commons License, 저작물 이용 허락 표시 제도) 등 다양한 위젯을 설정할 수 있습니다.

2 │ 블로그를 관리하는 [관리] 페이지의 구성 살펴보기

이번에는 블로그를 운영할 때 필요한 주요 기능을 설정할 수 있는 [관리] 페이지를 살펴보겠습니다. 앞으로 블로그를 꾸미고 메뉴를 관리할 때 [관리] 페이지는 자주 보게 되므로 빨리 익숙해지는 게 좋아요.

✔ [관리] 페이지로 이동하기

내 블로그의 홈 화면에서 [내 메뉴]-[관리]를 선택하거나 프로필 영역에서 '관리'를 선택하세요.

그러면 [관리] 페이지로 이동합니다.

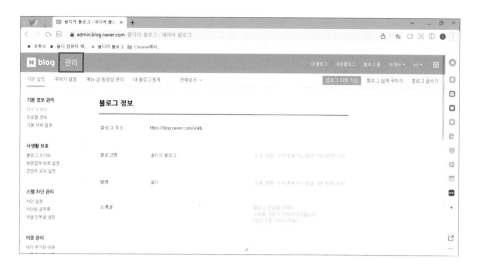

✔ [관리] 페이지의 다양한 메뉴 살펴보기

[관리] 페이지는 크게 '기본 설정', '꾸미기 설정', '메뉴·글·동영상 관리', '내 블로그 통계', 이렇게 4개 영역으로 구분되어 있습니다. [전체보기]를 클릭하면 전체 메뉴를 확인할 수 있어요.

❶ 기본 설정

'기본 설정'에는 블로그를 관리할 때 필요한 가장 기본적인 설정 사항을 지정하는 메뉴가 모여 있습니다. 프로필 정보, 블로그 초기화, 스팸 차단을 설정하거나 이웃을 관리할 수 있어요.

❷ 꾸미기 설정

'꾸미기 설정'에는 블로그를 보기 좋게 꾸밀 수 있는 디자인을 설정하는 메뉴가 모여 있습니다. 스킨, 레이아웃, 위젯, 타이틀, 글이나 댓글 스타일 등을 설정할 수 있습니다.

❸ 메뉴·글·동영상 관리

'메뉴·글·동영상 관리'에서는 블로그에 포스팅할 내용에 따라 메뉴(카테고리)를 구성할 수도 있고 블로그에 업로드된 댓글, 태그, 글, 동영상을 관리할 수도 있습니다.

> **Tip** | 포스팅한 글에 광고를 게재할 수 있는 '애드포스트' 서비스가 활성화되면 광고를 설정할 수 있습니다. 애드포스트 서비스에 대해서는 300쪽을 참고하세요.

❹ 내 블로그 통계

'내 블로그 통계'에서는 내 블로그에 얼마나 많은 사람이 방문해서 글을 읽었는지, 어떤 사람들이 방문했는지, 어떤 경로를 통해 내 블로그에 유입되었는지 등을 확인할 수 있습니다. 그리고 활동 중인 전체 블로그와 상위 5만 개 블로그의 평균 데이터뿐만 아니라 내 블로그의 데이터와 비교한 자료를 함께 제공하므로 블로그의 운영 계획을 세우는 데 매우 유용합니다.

> **Tip** | '내 블로그 통계'에 대해서는 292쪽을 참고하세요.

05 내 블로그의 첫 이미지 만들기 – 기본 설정

점심을 먹으려고 음식점을 선택할 때 가장 먼저 간판을 보고 그다음에는 음식점의 건물을 보게 됩니다. 그런데 간판이 대충 걸려있거나 건물이 깨끗하지 않다면 선뜻 들어가지 않게 되죠. 마찬가지로 블로그에 방문하면 포스팅된 글보다는 블로그 홈 화면에 있는 '타이틀'에 가장 먼저 눈길이 갑니다. 그리고 어떤 사람이 이 블로그를 운영하는지 궁금해져서 '프로필'을 확인하죠. 타이틀과 프로필이 잘 꾸며져 있다면 '잘 관리되고 있는 블로그구나!'라는 느낌을 받아서 포스팅한 글에도 더욱 관심을 갖게 되므로 잘 설정해 두어야 합니다.

1 | 블로그의 기본 정보 설정하기

다음 두 블로그에 방문했다고 생각해 봅시다.

이 중에서 어떤 블로그의 첫인상이 더 좋은가요? 블로그의 홈 화면에 보이는 정보를 통해 내 블로그가 어떤 주제를 다루고 있고 어떤 성격인지 방문자에게 전달할 수 있어요. 내 블로그를 방문하는 사람들에게 좋은 첫인상을 심어주기 위해 홈 화면을 보기 좋게 설정해 보겠습니다.

✔ 블로그 정보 변경하기

블로그의 홈 화면에 보이는 블로그명, 별명, 소개, 프로필 이미지를 변경해 볼게요.

무작정 따라하기 | **블로그명과 프로필 이미지 등록하기**

실습예제 | 내 블로그의 [관리] 페이지에서 실습하세요.

① 내 블로그의 홈 화면에서 프로필 영역에 있는 [EDIT]를 클릭합니다.

2 [관리] 페이지가 열리면 '기본 설정'을 선택하고 '기본 정보 관리'의 '블로그 정보'에서 '블로그명', '별명', '소개글'에 각 내용을 입력합니다. '블로그명', '별명', '소개글'에는 한글과 영문, 숫자를 함께 사용할 수 있고 입력 가능한 글자 수는 다음과 같습니다.

1 블로그명: 한글 기준 25자 이내

2 별명: 한글 기준 10자 이내(댓글을 작성할 때 별명이 노출되고 별명을 설정하지 않으면 아이디가 노출됩니다.)

3 소개글: 한글 기준 200자 이내

3 프로필 이미지를 변경하기 위해 '블로그 프로필 이미지'의 [등록]을 클릭합니다.

4 [이미지 첨부] 창이 열리면 [찾아보기]를 클릭하고 [열기] 창에서 변경하고 싶은 프로필 사진을 선택한 후 [열기]를 클릭합니다. [이미지 첨부] 창으로 되돌아오면 [확인]을 클릭하세요.

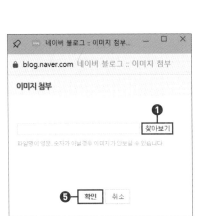

> **Tip** | 변경하고 싶은 프로필 사진이 없으면 부록 파일에서 제공하는 '프로필.png'를 선택해서 실습을 진행하세요.

5 프로필 이미지가 변경되었으면 [확인]을 클릭합니다. 성공적으로 변경되었다는 메시지 창이 열리면 [확인]을 클릭하세요.

> **Tip** | 프로필 이미지는 ❹ 과정에서 선택한 사진 파일이 표시됩니다. 여러분도 여러분의 사진으로 변경해서 블로그의 프로필을 꾸며보세요.

6 프로필 이미지가 변경되었는지 확인합니다.

Tip │ 변경한 블로그명과 별명은 일정한 시간이 지난 후 검색 결과에 반영됩니다.

Q&A **프로필 이미지로 등록하고 싶은 사진이 휴대전화에 저장되어 있어요!**

스마트폰의 '네이버 블로그' 앱에서 프로필 이미지를 등록 및 변경할 수 있습니다. 휴대전화의 프로필 이미지를 변경하는 방법은 262쪽을 참고하세요.

▲ 스마트폰에서 네이버 블로그의 프로필 사진을 변경한 경우

2 | 블로그 초기화하기

블로그의 내용을 모두 삭제하고 새롭게 처음부터 운영하고 싶으면 어떻게 해야 할까요? 다시 새로운 아이디로 회원 가입하고 블로그를 개설해야 할까요? 이 경우에는 '블로그 초기화' 기능을 사용해 블로그에 작성한 글과 설정 사항을 모두 처음 블로그를 개설할 때의 상태로 되돌릴 수 있습니다. 하지만 초기화해서 삭제한 블로그의 모든 글과 설정은 다시 복구할 수 없으므로 신중하게 삭제 여부를 결정해야 합니다.

무작정 따라하기 **블로그 초기화 신청하기**

실습예제 | 내 블로그의 [관리] 페이지에서 실습하세요.

❶ 내 블로그의 홈 화면에서 프로필 영역에 있는 '관리'를 선택하세요.

 블로그 초기화가 아니라 블로그 자체를 삭제할 수 있나요?

네이버에서는 블로그만 삭제하는 기능은 제공하지 않습니다. 단, 네이버 아이디를 회원 탈퇴하면 24시간 안에 블로그가 자동으로 삭제됩니다. 이때 삭제된 데이터는 바로 서버에서 파기되어 블로그를 복구할 수 없다는 것을 꼭 기억하세요.

② [관리] 페이지가 열리면 '기본 설정'에서 '사생활 보호'의 '블로그 초기화'를 선택합니다. '초기화 예정일'에서 초기화 보류 기간을 선택하고 [블로그 초기화 신청]을 클릭하세요.

Tip | 보류 기간에는 블로그가 비공개되어 방문객이 접근할 수 없지만, 보류 기간 동안에는 초기화를 취소할 수 있습니다.

③ 사용자 인증을 하기 위해 네이버에 로그인하고 휴대전화 인증을 진행한 후 [확인]을 클릭합니다.

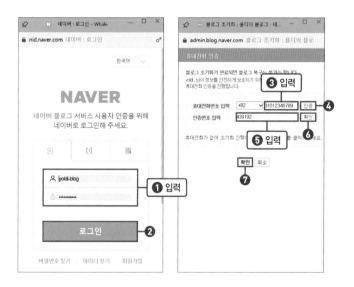

④ 블로그 초기화 신청이 완료되었는지 확인합니다.

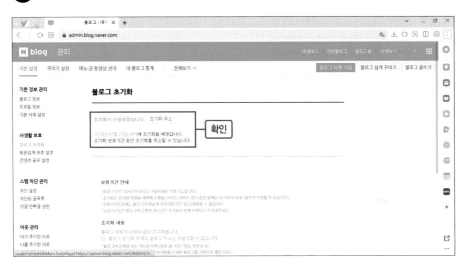

> **Tip** │ 여기에서는 블로그를 초기화하는 방법만 익히고 다음 실습을 위해 [초기화 취소]를 클릭해 초기화 신청을 취소하세요.

내 블로그를 예쁘게 포장하기
– 꾸미기 설정

다른 블로그처럼 내 블로그도 잘 꾸미고 싶은데 어디서부터 시작해야 할지 막막한가요? 멋진 사진으로 타이틀도 만들고 싶고 예쁜 배경도 넣고 싶은데 어디서 사진을 구해야 할지 고민된 다면 이번 실습을 무작정 따라 해 보세요! 금방 멋진 블로그로 꾸밀 수 있답니다.

1 | 블로그에 멋진 옷 입히기 – 스킨 설정

좋아하는 옷을 입고 마음에 드는 신발을 신으면서 나의 개성을 드러내듯이 내 블로그에 예쁘고 멋진 옷을 입히는 것처럼 스킨을 적용해서 남들과 다른 나만의 블로그를 만들어 볼게요. 네이버에서 기본으로 제공하는 '네이버 블로그 스킨'을 선택해서 쉽고 빠르게 블로그 배경을 꾸밀 수 있습니다.

무작정 따라하기   스킨 선택하기

실습예제 | 내 블로그의 [관리] 페이지에서 실습하세요.

❶   내 블로그의 홈 화면에서 프로필 영역에 있는 '관리'를 선택해 [관리] 페이지를 열고 '꾸미기 설정'을 선택합니다.

2 '스킨'의 '스킨 선택'에 네이버에서 제공하는 기본 블로그 스킨 목록이 다양하게 나타나면 블로그 배경으로 설정하고 싶은 스킨을 선택하고 [스킨 적용]을 클릭합니다. 여기에서는 '차분한 베이직' 스킨을 선택했어요.

Tip | 각 스킨의 이름 옆에 있는 '미리보기'를 클릭하면 선택한 스킨을 내 블로그에 미리 적용해서 확인할 수 있어요.

3 내 블로그에서 적용된 스킨을 확인하겠는지 묻는 메시지 창이 열리면 [확인]을 클릭합니다.

④ 블로그의 홈 화면이 표시되면 선택한 스킨이 배경으로 적용되었는지 확인합니다.

스킨 확인

Q&A 스킨을 적용했더니 메뉴의 위치가 모두 달라졌어요!

스킨을 선택하면 블로그의 배경뿐만 아니라 프로필과 카테고리, 위젯 등 디자인과 관련된 요소들도 함께 변경됩니다. 블로그의 세부 레이아웃을 설정하는 방법은 75쪽을 참고하세요.

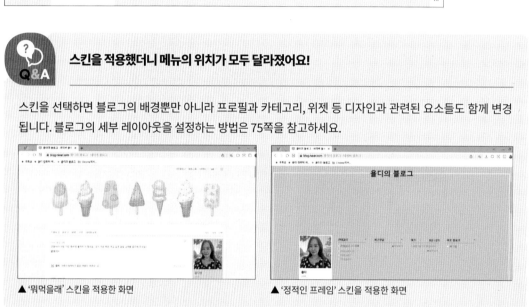

▲ '뭐먹을래' 스킨을 적용한 화면　　　　　　▲ '정적인 프레임' 스킨을 적용한 화면

2 | 블로그의 구조 바꾸기 – 레이아웃과 위젯 설정

블로그를 좀 더 세부적으로 꾸며볼까요? 블로그의 구조나 배치를 변경하는 '레이아웃'과 블로그 속의 작은 프로그램인 '위젯'을 설정해 나만의 블로그를 만들어 보겠습니다.

✔ 레이아웃의 구조 살펴보기

네이버 블로그에서는 1단, 2단, 3단으로 화면을 나눌 수 있는 총 12개의 레이아웃을 제공합니다.

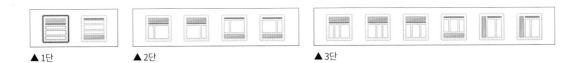

▲ 1단   ▲ 2단   ▲ 3단

1 1단

1단 레이아웃은 글 영역을 가장 넓게 사용할 수 있는 배치 방법으로, 화면의 위쪽이나 아래쪽에 '사이드바'를 배치합니다.

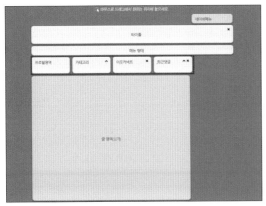

▲ 위쪽에 '사이드바'를 배치한 화면

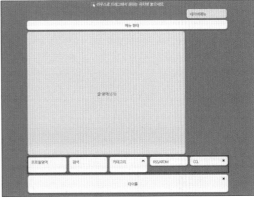

▲ 아래쪽에 '사이드바'를 배치한 화면

2 2단

2단 레이아웃에서는 '글 영역'을 기준으로 왼쪽이나 오른쪽에 내 블로그의 정보가 보이는 '사이드바 1'을 배치합니다.

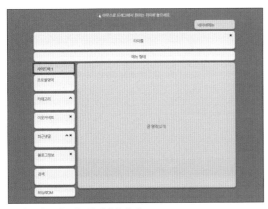

▲ 왼쪽에 '사이드바 1'을 배치한 화면

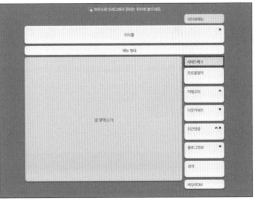

▲ 오른쪽에 '사이드바 1'을 배치한 화면

> **Tip** │ 왼쪽에 '사이드바1'을 배치하면서 프로필과 카테고리가 있는 설정이 익숙하므로 2단 레이아웃은 기본적으로 많이 선택하는 레이아웃입니다.

71

3 3단

3단 레이아웃에서는 '글 영역'을 기준으로 왼쪽이나 오른쪽 또는 양쪽에 내 블로그의 정보가 보이는 '사이드바 1'과 '사이드바 2'를 배치합니다.

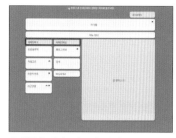 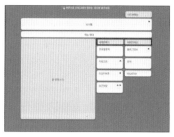 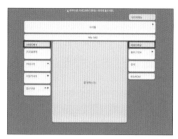

▲ 왼쪽에 '사이드바 1'과 '사이드바 2'를 배치한 화면　　▲ 오른쪽에 '사이드바 1'과 '사이드바 2'를 배치한 화면　　▲ 양쪽에 '사이드바 1'과 '사이드바 2'를 배치한 화면

✔ 레이아웃 설정하기

[관리] 페이지의 '꾸미기 설정'에서 원하는 레이아웃으로 블로그를 꾸밀 수 있습니다.

무작정 따라하기 | 레이아웃 변경하기

실습예제 | 내 블로그의 [관리] 페이지에서 실습하세요.

1 12개의 레이아웃 중 하나를 선택해 변경해 볼게요. 내 블로그의 홈 화면에서 '프로필 영역'의 '관리'를 선택합니다.

2 내 블로그의 [관리] 페이지에서 '꾸미기 설정'을 선택하고 '디자인 설정'의 '레이아웃·위젯 설정'을 선택합니다.

3 '레이아웃·위젯 설정' 화면이 열리면 원하는 레이아웃을 선택합니다.

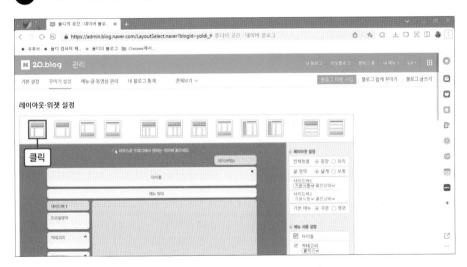

4 레이아웃을 변경하겠는지 묻는 메시지 창이 열리면 [확인]을 클릭합니다.

❺ 선택한 레이아웃으로 변경되었으면 화면의 아래쪽에 있는 [적용]을 클릭합니다.

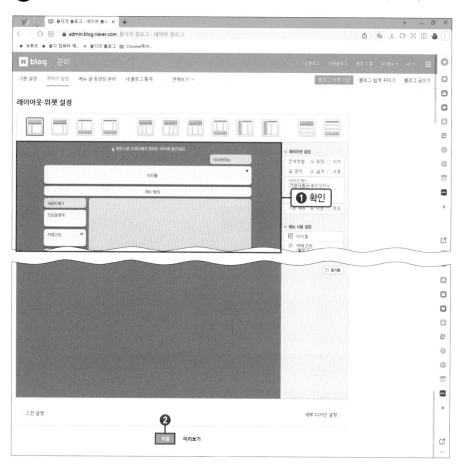

Tip | '미리보기'를 클릭해 블로그에 적용하기 전에 레이아웃을 미리 확인해 볼 수 있습니다.

❻ 레이아웃을 블로그에 적용하겠는지 묻는 메시지 창이 열리면 [확인]을 클릭합니다.

❼ 블로그에 변경한 레이아웃이 적용되었는지 확인합니다.

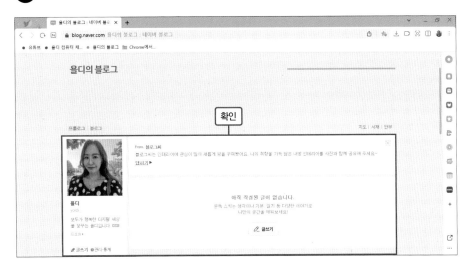

✔ 세부 레이아웃 설정하기

'레이아웃·위젯 설정' 화면에서는 기본적으로 제공되는 레이아웃의 구조와 메뉴 종류를 세부적으로 설정할 수 있습니다.

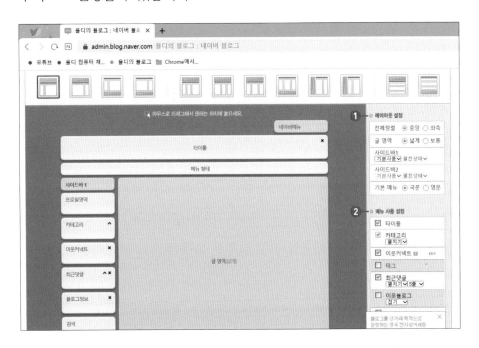

❶ 레이아웃 설정

- **전체정렬**: 블로그 화면을 모니터의 '중앙' 또는 '좌측'에 맞춰 정렬할 수 있습니다.
- **글 영역**: 블로그에 포스팅된 글을 보여주는 영역으로, '넓게' 또는 '보통'으로 선택할 수 있습니다.
- **사이드바1, 사이드바2**: 선택한 레이아웃에 따라 사이드바 메뉴를 접거나 펼칠 수 있습니다.
- **기본 메뉴**: 상단 메뉴의 언어를 '국문' 또는 '영문'으로 설정할 수 있습니다.

❷ 메뉴 사용 설정

필요한 메뉴만 선택해서 사이드바 영역에 표시할 수 있습니다.

- **타이틀**: 블로그의 위쪽에 블로그 제목이 표시되는 영역으로, '타이틀'에 체크 표시해서 사용하는 것이 좋습니다.
- **카테고리**: 블로그의 메뉴로, 방문자가 주제별, 분야별로 포스팅된 글을 찾기 쉽게 [펼치기]를 선택해 카테고리가 항상 보이게 설정하는 것이 좋습니다.
- **이웃커넥트**: 내 블로그의 이웃 현황을 알려줍니다.
- **태그**: 포스팅할 때 입력한 태그를 모두 모아 한눈에 확인할 수 있습니다.
- **최근댓글**: 내 글에 남겨진 댓글을 최신순으로 확인할 수 있습니다.
- **이웃블로그**: 나와 이웃을 맺은 블로거들의 목록을 확인할 수 있습니다.
- **블로그 정보**: 내 블로그 이웃의 수, 글의 공유 횟수 등의 블로그 정보를 확인할 수 있습니다.
- **네이버 로고**: 블로그의 아래쪽에 'powered by NAVER blog' 로고(powered by **NAVER blog**)를 표시할 수 있습니다.

✔ 위젯 설정하기

네이버 블로그에서는 다양한 위젯을 제공합니다. 원하는 위젯에 체크 표시하면 사이드바 영역에 위젯이 표시되어 확인할 수 있습니다.

 위젯(widget)

위젯은 날씨, 시계, 달력과 같은 유용한 기능과 각종 정보를 담고 있는 작은 크기의 프로그램입니다. 웹 브라우저를 이용하지 않아도 위젯을 통해 해당 기능과 서비스를 바로 이용할 수 있어서 매우 편리합니다.

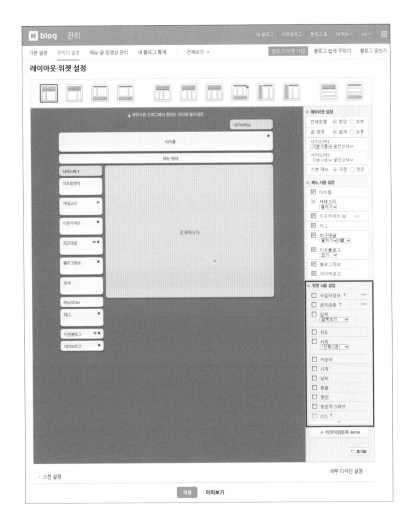

메뉴나 위젯의 위치와 순서를 바꾸고 싶어요!

'레이아웃·위젯 설정' 화면의 오른쪽에 있는 '메뉴 사용 설정'과 '위젯 사용 설정'에서 메뉴와 위젯을 체크 표시해서 선택하면 왼쪽 사이드바에서 해당 요소를 바로 확인할 수 있어요. 그리고 순서를 변경할 요소를 원하는 위치로 드래그해서 옮길 수 있습니다.

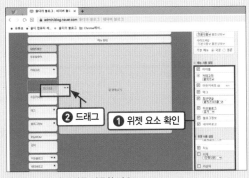

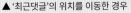

▲ '최근댓글'의 위치를 이동한 경우

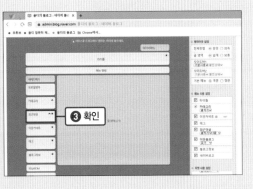

3 | 리모콘 기능으로 디자인 바꾸기 – 세부 디자인 설정

네이버 블로그에서 제공하는 스킨과 레이아웃을 적용해 기본적인 블로그의 틀을 갖추었으면 세부적으로 배경, 타이틀, 박스의 디자인을 변경해 나만의 개성 있는 블로그를 디자인해 볼게요.

✔ 배경 스킨 변경하기

블로그의 배경 스킨은 네이버에서 무료로 제공하는 '디자인'의 '스타일'과 다양한 '컬러', 그리고 내가 직접 촬영한 사진 파일을 사용하는 '직접등록' 중 하나를 이용해서 변경할 수 있습니다. '스킨배경'의 '디자인'에서는 '스타일'이나 '컬러'를 선택할 수 있고 '직접등록'을 통해 직접 디자인한 배경으로 변경할 수 있습니다.

▲ 스타일

▲ 컬러

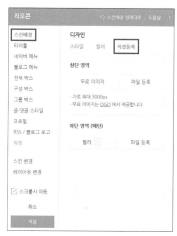
▲ 직접 등록

원하는 스타일과 컬러를 선택하면 내 블로그의 배경 스킨에 바로 적용됩니다.

▲ 배경 스킨의 스타일을 변경한 경우

▲ 배경 스킨의 컬러를 변경한 경우

실습예제 | 내 블로그의 [관리] 페이지에서 실습하세요.

1 내 블로그의 [관리] 페이지에서 '꾸미기 설정'을 선택하고 '디자인 설정'의 '세부 디자인 설정'을 선택합니다.

Tip | 내 블로그의 홈 화면에서 [내 메뉴]−[세부 디자인 설정]을 선택하면 세부 디자인을 설정하는 화면으로 빠르게 이동할 수 있습니다.

2 내 블로그의 홈 화면에 [리모콘] 창이 열리면 '스킨배경'을 선택하고 원하는 스타일이나 컬러를 선택한 후 [적용]을 클릭합니다.

③ 세부 디자인을 적용하겠는지 묻는 메시지 창이 열리면 [적용]을 클릭합니다.

④ 블로그의 배경 스킨이 변경되었는지 확인합니다.

배경 스킨 확인

[관리] 페이지에서 내가 저장한 스킨을 확인할 수 있나요?

앞의 실습에서 **③** 과정에 나오는 세부 디자인 적용을 묻는 메시지 창에서 '내가 만든 스킨에 저장합니다'에 체크 표시하고 스킨 제목을 입력한 후 [적용]을 클릭하세요. 그리고 내 블로그의 [관리] 페이지로 이동해 '꾸미기 설정'에서 '스킨'의 '내 스킨 관리'를 선택하면 저장한 스킨을 확인할 수 있습니다.

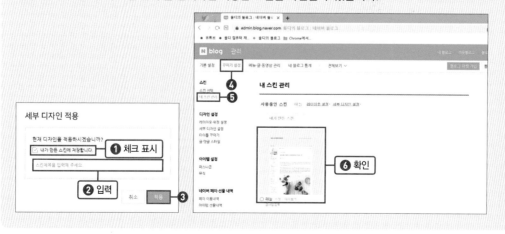

실습예제 ┃ **80쪽의 실습을 계속 이어서 따라 해 보세요.**

① 내 블로그의 홈 화면에서 [내 메뉴]-[세부 디자인 설정]을 선택합니다. [리모콘] 창이 열리면 '스킨배경'에서 '디자인'의 '직접등록'을 선택하고 '하단 영역 (패턴)'의 [파일 등록]을 클릭하세요.

② [열기] 대화상자가 열리면 배경으로 설정할 사진 파일을 선택하고 [열기]를 클릭합니다.

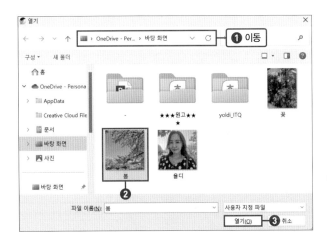

> **Tip** ┃ 배경으로 설정할 사진 파일이 없으면 부록 파일에서 제공하는 '봄.jpeg'를 선택해서 실습을 진행하세요.

③ 선택한 파일이 등록되었으면 [적용]을 클릭합니다.

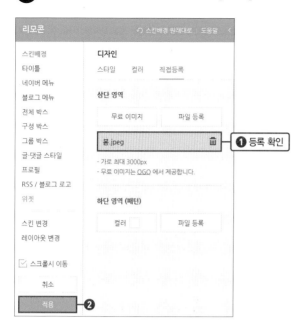

④ 세부 디자인을 적용하겠는지 묻는 메시지 창이 열리면 [적용]을 클릭합니다.

⑤ 블로그의 배경 스킨이 변경되었는지 확인합니다.

✔ 타이틀 스킨 변경하기

블로그의 첫 이미지를 결정하는 나만의 타이틀을 설정해 볼게요. 블로그의 타이틀 스킨은 네이버에서 무료로 제공하는 '디자인'의 '스타일'과 다양한 '컬러', 그리고 내가 직접 촬영한 사진 파일을 사용하는 '직접등록' 중 하나를 이용해서 변경할 수 있습니다. '타이틀'의 '디자인'에서는 '스타일'이나 '컬러'를 선택할 수 있고 '직접등록'을 통해 직접 디자인한 타이틀 배경으로 변경할 수 있습니다.

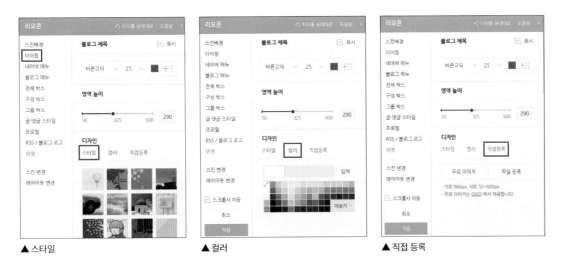

▲ 스타일　　　　　　　　　　▲ 컬러　　　　　　　　　　▲ 직접 등록

원하는 스타일과 컬러를 선택하면 내 블로그의 타이틀 스킨에 바로 적용됩니다.

▲ 타이틀 스킨의 스타일을 변경한 경우　　　　　　▲ 타이틀 스킨의 컬러를 변경한 경우

실습예제 | 82쪽의 실습을 계속 이어서 따라 해 보세요.

❶ 　내 블로그의 홈 화면에서 '프로필 영역'의 '관리'를 선택해 [관리] 페이지를 열고 68쪽을 참고해 '꾸미기 설정'에서 '스킨'의 '스킨 선택'을 선택한 후 '차분한 베이직' 스킨을 선택합니다. 블로그의 스킨을 변경했으면 다시 [관리] 페이지를 열고 '꾸미기 설정'에서 '디자인설정'의 '세부 디자인 설정'을 선택하세요.

> **Tip** │ 내 블로그의 홈 화면에서 [내 메뉴]–[세부 디자인 설정]을 선택하면 세부 디자인을 설정하는 화면으로 빠르게 이동할 수 있습니다.

❷ 　내 블로그의 홈 화면에 [리모콘] 창이 열리면 '타이틀'을 선택하고 원하는 스타일이나컬러를 선택한 후 [적용]을 클릭합니다. 세부 디자인을 적용하겠는지 묻는 메시지 창이 열리면 [적용]을 클릭하세요.

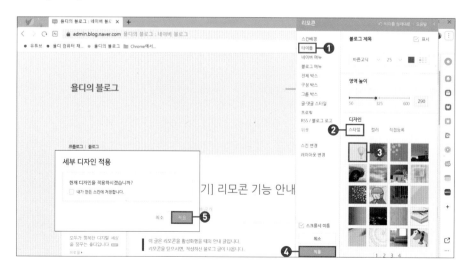

③ 블로그의 타이틀 스킨이 변경되었는지 확인합니다.

확인

> **Tip** │ 타이틀 스킨도 저장한 후 [관리] 페이지에서 확인할 수 있습니다. 80쪽의 'Q&A. [관리] 페이지에서 내가 저장한 스킨을 확인할 수 있나요?'를 참고하세요.

무작정 따라하기 **무료 이미지로 타이틀 스킨 변경하기**

실습예제 │ 앞의 실습을 계속 이어서 따라 해 보세요.

① 내 블로그의 홈 화면에서 [내 메뉴]-[세부 디자인 설정]을 선택합니다. [리모콘] 창이 열리면 '타이틀'에서 '디자인'의 '직접등록'을 선택하고 [무료 이미지]를 클릭합니다.

② 원하는 이미지를 찾기 위해 검색어를 입력하고 🔍를 클릭하는데, 여기에서는 '봄'을 입력하세요. 네이버에서 무료로 제공하는 봄과 관련된 이미지가 표시되면 타이틀로 설정할 이미지를 선택하고 [적용]을 클릭합니다.

③ 세부 디자인을 적용하겠는지 묻는 메시지 창이 열리면 [적용]을 클릭합니다.

④ 블로그의 타이틀 스킨이 변경되었는지 확인합니다.

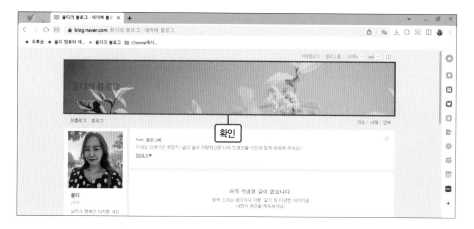

타이틀 배경을 바꾸니 제목이 잘 안 보이고 타이틀 사진이 일부만 보여요!

[리모콘] 창의 '타이틀'에서 블로그 제목의 글꼴과 크기, 색상, 위치를 변경하거나 타이틀의 영역 높이를 조절해 타이틀 배경의 사진을 보기 좋게 수정할 수 있어요. 그리고 '표시'의 체크 표시를 해제하면 타이틀 영역에서 블로그 제목을 감출 수 있습니다.

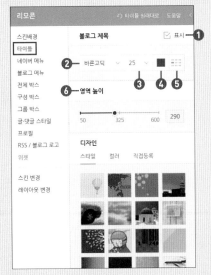

❶블로그 제목의 표시 여부   ❷서체   ❸크기   ❹색상   ❺제목 위치   ❻타이틀 영역의 높이

타이틀 배경에서 제목과 사진을 보기 좋게 수정할 수 있습니다.

▲ 타이틀 배경에 제목과 사진이 가려진 경우

▲ 타이틀 배경에 제목과 사진이 보기 좋게 표시된 경우

07 내 블로그의 목차 만들기
– 카테고리 관리

서점에서 책을 고를 때 내용도 훑어보지만, 전체 내용을 빠르게 파악하기 위해 맨 앞 장에 있는 목차를 살펴보는 경우가 많습니다. 목차를 보면서 이 책에 어떤 내용이 담겨 있는지 쉽고 빠르게 확인할 수 있듯이 블로그에도 책의 목차와 같은 역할을 하는 '카테고리'가 있습니다. 이번에는 내 블로그에 담을 이야기를 한눈에 볼 수 있는 카테고리를 만들어 보겠습니다.

1 | 블로그의 카테고리 구성하기

블로그의 카테고리는 책의 목차처럼 내 블로그에 업로드된 수많은 글을 주제별로 차례대로 볼 수 있게 정리할 수 있습니다. 그리고 카테고리만 보아도 내 블로그의 주제와 특색이 드러나게 할 수 있으므로 잘 구성해 두는 것이 좋습니다. 카테고리는 언제든지 수정 및 변경할 수 있으므로 일단 카테코리를 만들어 볼까요?

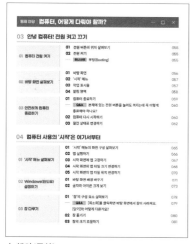

▲ 책의 '목차'

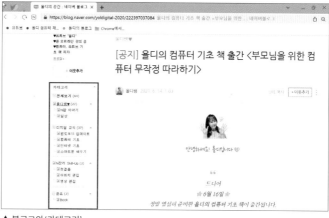

▲ 블로그의 '카테고리'

✔ 카테고리 설정하기

이번에는 하루의 기록, 여행의 추억, 디지털 교육에 대한 정보를 제공하는 글을 포스팅할 예정입니다. 우선 '일상', '여행', '디지털교육', 이렇게 세 가지 카테고리를 만들어 보겠습니다.

실습예제 | **86쪽의 실습을 계속 이어서 따라 해 보세요.**

① 내 블로그의 홈 화면에서 [내 메뉴]–[관리]를 선택하거나 프로필 영역에 있는 '관리'
를 선택하세요.

② [관리] 페이지가 열리면 '메뉴·글·동영상 관리'를 선택하고 '메뉴 관리'의 '블로그'를 선
택합니다. '카테고리 전체보기'를 선택한 상태에서 [카테고리 추가]를 클릭하면 '게시판'이
라는 새로운 카테고리가 만들어집니다.

❸ '카테고리명' 입력 상자에 기본적으로 입력된 이름인 '게시판'을 삭제하고 '여행'을 입력합니다.

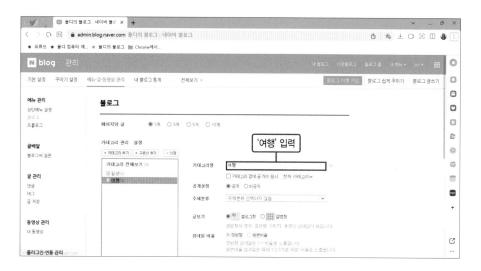

❹ '카테고리 전체보기'를 선택하고 [카테고리 추가]를 클릭해 새로운 카테고리를 하나 더 추가합니다. 카테고리명을 '디지털교육'으로 수정하고 [확인]을 클릭하세요.

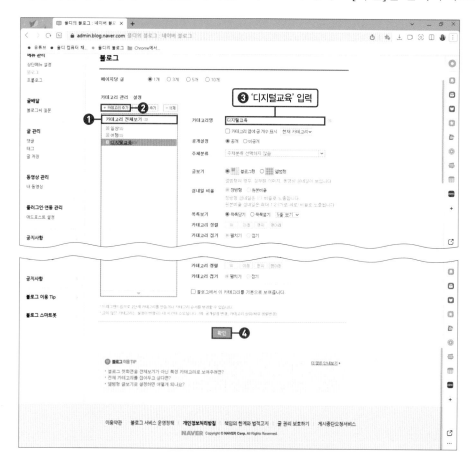

5 카테고리를 성공적으로 변경했다는 메시지 창이 열리면 [확인]을 클릭합니다.

카테고리를 삭제하고 싶어요!

[관리] 페이지에서 '메뉴·글·동영상 관리'를 선택하고 '메뉴 관리'의 '블로그'에서 삭제할 카테고리를 선택한 후 [삭제]를 클릭합니다. [카테고리 삭제] 창이 열리면 [삭제]를 클릭하세요. 카테고리를 삭제하면 카테고리에 등록된 글도 모두 삭제되므로 신중하게 삭제해야 합니다.

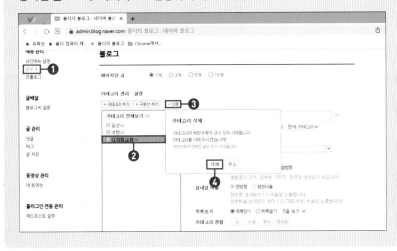

✔ 하위 카테고리 설정하기

큰 주제의 카테고리를 만들었다면 이번에는 좀 더 세부적으로 카테고리를 나눠볼게요. 예를 들어 '여행'의 카테고리를 다시 '국내 여행'과 '해외 여행'으로 구분해서 하위 카테고리를 만들 수 있습니다.

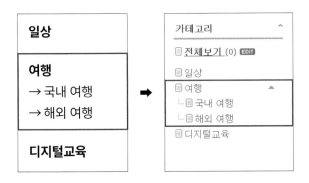

실습예제 | **91쪽의 실습을 계속 이어서 따라 해 보세요.**

1 90쪽의 **3** 과정에서 추가한 '여행' 카테고리를 선택하고 [카테고리 추가]를 클릭합니다.

2 '여행' 카테고리의 바로 아래쪽에 하위 카테고리가 추가되었으면 카테고리명을 '국내 여행'으로 변경합니다.

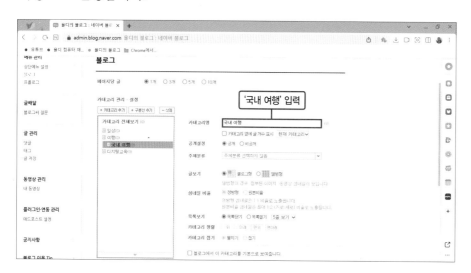

❸ 이와 같은 방법으로 '여행'의 하위 카테고리를 하나 더 추가하고 '해외 여행'을 입력한 후 [확인]을 클릭합니다.

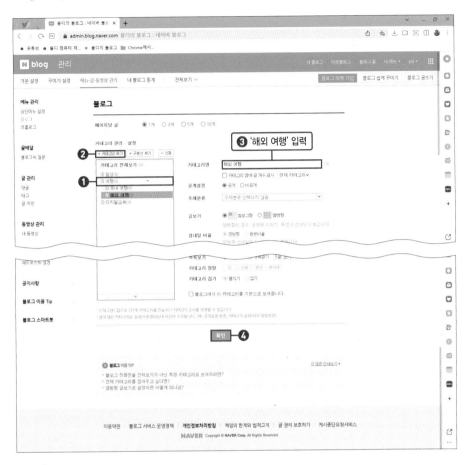

❹ 카테고리를 성공적으로 변경했다는 메시지 창이 열리면 [확인]을 클릭합니다.

5 내 블로그의 홈 화면에서 변경된 카테고리를 확인합니다.

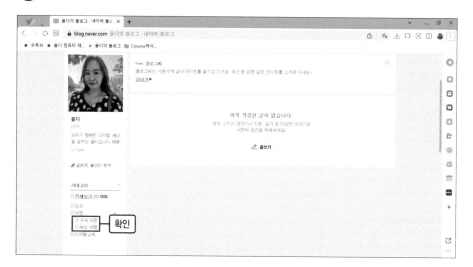

카테고리는 2차 분류인 하위 카테고리까지만 만들 수 있나요?

하위 카테고리 '해외 여행'(2차 분류)을 만들려면 상위 카테고리 '여행'(1차 분류)을 선택한 상태에서 [카테고리 추가]를 클릭해야 추가할 수 있습니다. 그렇지 않고 하위 카테고리인 '해외 여행'(2차 분류) 카테고리를 선택하고 [카테고리 추가]를 클릭하면 하위 카테고리에 또 하위 카테고리를 만들게 되어(3차 분류) 추가할 수 없습니다.

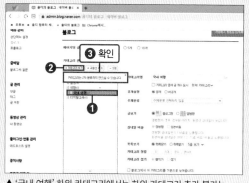

▲ '국내 여행' 하위 카테고리에서는 하위 카테고리 추가 불가능

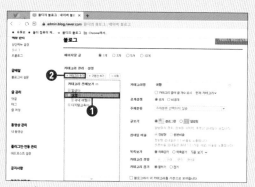

▲ '여행' 카테고리에서는 하위 카테고리 추가 가능

✔ 카테고리에 메뉴 구분선 설정하기

각 주제별로 카테고리를 더 확실하게 구분하기 위해 카테고리에 구분선을 추가할 수 있습니다.

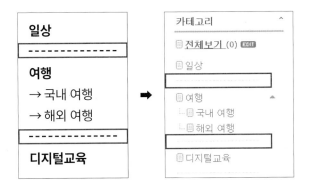

무작정 따라하기 **카테고리에 구분선 넣어 꾸미기**

실습예제 | **94쪽**의 실습을 계속 이어서 따라 해 보세요.

1 내 블로그의 홈 화면에서 '프로필 영역'의 '관리'를 선택합니다. [관리] 페이지가 열리면 '메뉴·글·동영상 관리'에서 '메뉴 관리'의 '블로그'를 선택하고 '일상' 카테고리를 선택한후 [구분선 추가]를 클릭합니다.

2 '일상' 카테고리의 아래쪽에 구분선이 추가되었으면 '여행' 카테고리를 선택하고 [구분선 추가]를 클릭합니다.

3 '여행' 하위 카테고리의 아래쪽에 구분선이 추가되었으면 [확인]을 클릭합니다.

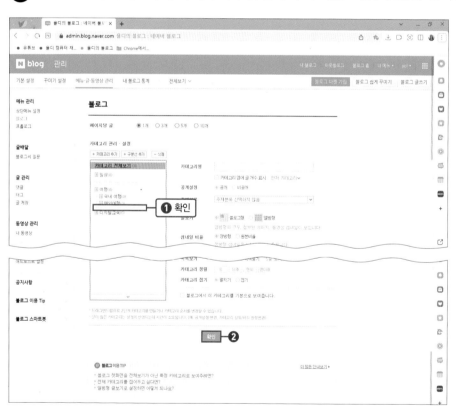

Tip │ 구분선을 클릭해 선택한 후 [삭제]를 클릭하면 구분선을 제거할 수 있습니다.

④ 구분선을 성공적으로 반영했다는 메시지 창이 열리면 [확인]을 클릭합니다.

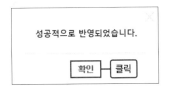

2 | 세부적으로 카테고리 환경 설정하기

카테고리를 추가할 때 카테고리의 공개 유무뿐만 아니라 섬네일 비율, 목록 보기 형식 등을 세부적으로 설정할 수 있습니다.

❶ 카테고리명: 카테고리의 이름을 입력합니다.

❷ 카테고리 옆에 글 개수 표시: 체크 표시하면 현재 카테고리나 전체 카테고리에 등록된 글의 개수를 표시할 수 있습니다.

❸ 공개설정: 해당 카테고리를 모든 방문자에게 공개할 것인지, 비공개할 것인지 선택할 수 있습니다. 만약 '비공개'로 설정하면 해당 카테고리의 글은 블로그 운영자인 나만 볼 수 있어서 비밀 일기장으로 활용할 수 있어요.

❹ 주제분류: 해당 카테고리에 등록된 글과 연관 있는 주제를 선택할 수 있습니다.

❺ 글보기: 포스팅한 글을 '블로그형'이나 '앨범형'으로 설정할 수 있습니다.

▲ '글보기'를 '블로그형'으로 지정한 경우

▲ '글보기'를 '앨범형'으로 지정한 경우

❻ 섬네일 비율: '글보기'를 '앨범형'으로 설정할 경우 이미지를 1:1 비율의 '정방형'으로 노출할 것인지, '원본비율'로 노출할 것인지 선택할 수 있습니다.

▲ 이미지를 정방형으로 노출한 경우

▲ 이미지를 원본 비율로 노출한 경우

❼ 목록보기: '글보기'를 '블로그형'으로 설정할 경우 포스트 영역의 위쪽에서 카테고리 안의 다른 글 목록을 보여주려면 '목록열기'를 선택하고 목록의 개수를 선택합니다.

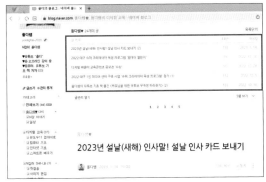

▲ 목록을 연 경우

▲ 목록을 닫은 경우

❽ **카테고리 정렬**: 해당 카테고리의 순서를 '위', '아래', '맨위', '맨아래'로 변경할 수 있습니다.

❾ **카테고리 접기**: 상위 카테고리('여행')를 선택할 경우 '펼치기'를 선택하면 하위 카테고리 ('국내 여행', '해외 여행')를 모두 보여줄 수 있고 '접기'를 선택하면 하위 카테고리를 감출 수 있습니다.

▲ '여행'의 하위 카테고리를 펼친 경우

▲ '여행'의 하위 카테고리를 감춘 경우

❿ **블로그에서 이 카테고리를 기본으로 보여줍니다.**: 체크 표시하면 해당 카테고리의 오른쪽 에 대표 아이콘(대표)이 표시되면서 블로그의 첫 페이지에 기본적으로 나타납니다.

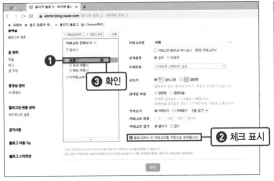

▲ '여행' 카테고리를 대표 카테고리로 지정해 블로그의 첫 페이지에 기본적으로 표시한 경우

셋째
마당

내 블로그에
본격적으로
이야기 담기

08 블로그에 글쓰기 – 포스팅

블로그의 꽃은 바로 글쓰기죠? 블로그를 개설하고 보기 좋게 꾸몄지만, 글을 포스팅하지 않으면 아무도 방문하지 않는 외딴섬이 되어 버린답니다. 이번에는 포스팅이 무엇인지, 어떻게 하면 좋은 글을 쓸 수 있는지 하나씩 차근차근 알아볼게요.

1 | 포스팅이 뭐예요?

'블로그에 포스팅한다'라는 말은 무슨 말일까요? 블로그와 항상 같이 짝꿍처럼 붙어있는 단어가 바로 '포스팅(posting)'입니다.

▲ 포스트(post)　　　　　　　　　　　　　▲ 포스팅(posting)

네이버 블로그에 업로드된 글은 '포스트(post)', 블로그에 글을 쓰고 올리는 행위는 '포스팅(posting)'이라고 합니다. 이때 포스팅은 블로그뿐만 아니라 페이스북, 트위터, 인스타그램과 같이 인터넷에 글을 올리는 모든 행위를 포함합니다. 그래서 '블로그에 포스팅한다'라는 말은 '블로그에 글을 올린다'라는 말과 같습니다.

2 | 글쓰기가 너무 어렵다면?

글을 쓰려고 글쓰기 페이지를 열었지만 막상 텅 빈 흰색 화면을 보면 어떤 내용으로 채워야 할지 막막할 거예요.

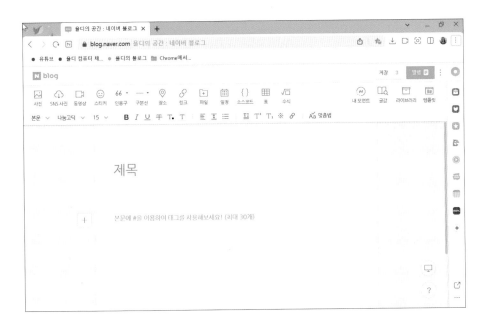

블로그는 글로 채우는 공간입니다. 그리고 블로그에 방문한 사람이라면 누구나 글을 볼 수 있으므로 좋은 글을 써야 한다는 부담감이 느껴질 겁니다. 하지만 이 부담감은 여러분만 느끼는 게 아니라 블로그를 운영하는 사람이라면 누구나 느끼고 겪는 감정입니다. 블로그에는 '어떤 주제로 글을 써야 한다!'라는 기준이 없습니다. 그래서 누구나 자신의 생각이나 감정을 글로 남길 수 있어요.

컴퓨터를 처음 배울 때를 생각해 보세요. 전원을 켜는 것도, 키보드로 글자를 입력하는 것도, 마우스를 움직이는 것도 모두 쉽지 않았을 겁니다. 하지만 자주 사용하고 연습하다 보니 이제 '컴퓨터로 블로그도 운영해 볼까?'라는 생각이 들 정도로 컴퓨터 실력이 많이 향상되었죠? 글쓰기도 마찬가지입니다. 조금씩 연습하다 보면 어느새 글 하나를 뚝딱! 포스팅하는 날이 반드시 올 겁니다.

1 나만의 글감 창고를 만들자

컴퓨터 앞에 앉아서 '지금부터 글을 써 볼까?'라고 마음먹으면 한 글자도 쓰기 어려워요. 어떤 주제로 글을 써야 할지 제목부터 턱! 막혀버립니다. 하지만 평소에 '여기 맛집이네? 다른 사람에게도 알려주고 싶다!', '여행 중인데 잊기 전에 남겨놓고 싶어.' 이렇게 문득 글 주제가 떠오를 때가 있을 거예요. 그럴 때마다 그냥 지나치지 말고 스마트폰의 '메모장' 앱을 열어 간단하게 메모해 두세요. 블로그에 글을 쓸 때 좋은 주제가 떠오르지 않는다면 메모장에 기록한 메모를 보고 새로운 포스팅을 시작할 수 있습니다.

▲ 블로그씨 질문 확인하기

▲ 블로그씨 질문에 답변하기

2 처음부터 완벽한 글을 쓸 수 없다는 사실을 기억하자

누구든지 처음부터 100% 마음에 드는 완벽한 글을 쓸 수 없어요. 이 책을 집필하고 있는 저도 수없이 많이 내용을 쓰고 고치거든요. 완벽한 글을 쓰려고 하면 부담감이 커서 한 글자도 제대로 쓰기 어렵습니다. 그러니까 처음에는 친구에게 말하듯이, 편지를 쓰듯이, 일기를 쓰듯이 가볍게 써 보세요. 다른 사람이 읽는 글이라고 해서 딱딱하고 어렵게 쓸 필요가 없습니다.

3 사진과 동영상을 활용하자

글로만 내용을 채우는 것은 생각보다 쉽지 않습니다. 이럴 때 사진이나 동영상을 추가하면 훨씬 풍성한 글이 된답니다. 사진이나 동영상을 첨부하는 방법은 어렵지 않으므로 잘 익혀서 제대로 활용해 보세요.

▲ 글로만 내용을 작성한 경우

▲ 사진을 첨부해 내용을 풍성하게 작성한 경우

Tip | 사진이나 동영상을 첨부하는 방법은 131쪽을 참고하세요.

4 작성한 글은 일단 저장해 두자

한 번에 글을 써서 완성하기 어렵다면 일부를 작성한 후 '임시 저장'해 둘 수 있습니다. 임시 저장해 두면 언제든지 다시 글을 불러와서 글을 추가로 작성하거나 수정할 수 있어서 매우 편리합니다.

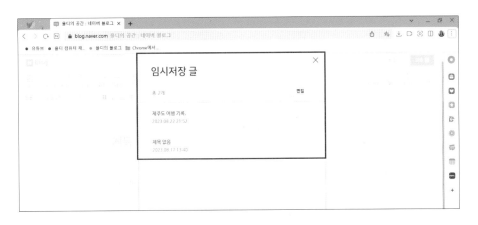

Tip │ 글을 임시 저장하는 방법은 125쪽을 참고하세요.

5 방문자의 시선으로 글을 검토하자

글을 모두 작성하고 발행하기 전에 글쓴이가 아닌 블로그의 방문자가 되어 작성한 글을 처음부터 끝까지 쭉 읽어보세요. '이 부분은 좀 어색하네?', '앗! 오타가 있네?', '이 내용은 삭제할까?' 등등 글을 쓸 때는 몰랐던 아쉬운 부분이 보입니다. 그래서 글을 발행하기 전에 반드시 글 전체를 읽어보면서 점검해 보고 맞춤법도 검토해 보세요.

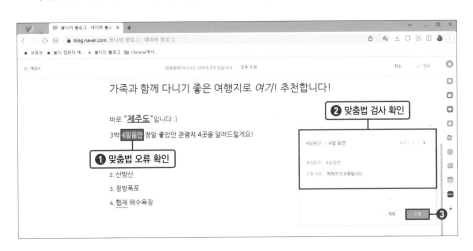

Tip │ 맞춤법을 검사하는 방법은 118쪽을 참고하세요.

6 꾸준히 글 쓰는 습관을 만들자

무엇보다 꾸준히 글을 써보는 습관을 만드는 것이 중요합니다. '시간 될 때 써야지.'가 아니라 하루에 10분이라도 시간을 내어 조금씩이라도 글을 쓰는 시간을 정해 두세요! 그러면 하루, 이틀, 한 달, 일 년이 지나면 글 쓰는 실력도 늘고 여러분의 블로그에 글이 가득 차 있을 거예요.

무작정 따라하기　블로그씨 질문 설정하기

실습예제 | 내 블로그의 [관리] 페이지에서 실습하세요.

❶ 내 블로그의 홈 화면에서 프로필 영역에 있는 '관리'를 선택하세요.

❷ [관리] 페이지가 열리면 '메뉴·글·동영상 관리'를 선택하고 '글배달'의 '블로그씨 질문'을 선택합니다.

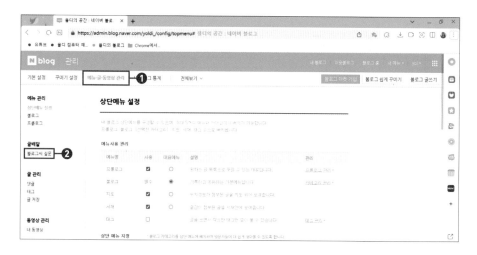

❸ '오늘의 질문 배달'에서 '배달'을 선택하고 [확인]을 클릭합니다.

❹ 블로그씨 질문 배달을 성공적으로 반영했다는 메시지 창이 열리면 [확인]을 클릭합니다.

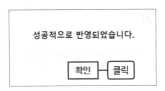

❺ 이제 내 블로그의 홈 화면에서 '블로그씨 질문'을 확인할 수 있어요.

09 포스팅 도우미, 스마트에디터 ONE으로 글쓰기

다른 사람이 쓴 블로그 포스트를 보면 글이 보기 좋게 잘 쓰여 있죠? 예쁜 사진과 멋진 동영상도 삽입되어 있고요. 나도 멋지게 포스팅을 하고 싶은데 막상 텅 빈 편집 창을 보면 막막해질 겁니다. 하지만 걱정하지 마세요. 네이버 블로그에는 포스팅 도우미인 스마트에디터가 있어서 여러분이 멋지게 포스팅할 수 있게 도와줄 거예요.

1 | 스마트에디터 ONE 살펴보기

본격적으로 나만의 글을 포스팅해 볼까요? 스마트에디터 ONE은 일종의 글쓰기 도우미로, 유용한 기능이 많아서 글을 편하게 쓸 수 있게 도와줍니다.

✔ 스마트에디터 ONE 페이지로 이동하기

내 블로그에 접속한 후 홈 화면의 프로필 영역에 있는 '글쓰기'를 선택합니다.

> **Tip** | 첫 포스팅일 경우에는 글쓰기 영역에 있는 [글쓰기]를 클릭해도 됩니다.

✔ 스마트에디터 ONE의 화면 구성 살펴보기

스마트에디터 ONE 화면은 크게 '기본 도구 막대', '속성 도구 막대', '글쓰기 영역', '사이드 패널', 이렇게 네 부분으로 구분할 수 있습니다.

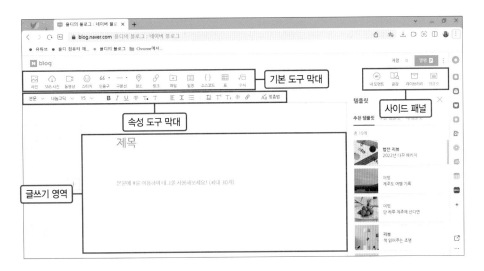

1 기본 도구 막대

기본 도구 막대는 문서를 작성하고 꾸밀 수 있는 다양한 기능을 모아둔 도구 모음입니다.

2 속성 도구 막대

속성 도구 막대는 문서에 입력한 글(텍스트), 사진, 동영상, 인용구 등의 서식이나 옵션을 변경할 수 있는 기능을 모아둔 도구 모음입니다.

속성 도구 막대의 도구가 자꾸 바뀌네요!

속성 도구 막대는 선택한 요소에 따라 적용할 수 있는 기능이 달라지므로 도구의 종류도 바뀝니다. 텍스트를 선택하면 글꼴, 글자 크기 등을 변경할 수 있는 텍스트 서식과 관련된 도구가, 사진을 선택하면 정렬, 사진 편집, 문단 내 배치 등을 변경할 수 있는 사진 서식과 관련된 도구가 나타납니다.

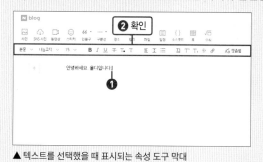

▲ 텍스트를 선택했을 때 표시되는 속성 도구 막대 　 　 ▲ 사진을 선택했을 때 표시되는 속성 도구 막대

3 글쓰기 영역

글쓰기 영역은 내용을 입력하는 공간으로, 제목과 본문 영역으로 구분되어 있습니다.

4 사이드 패널

사이드 패널에서는 다양한 자료를 검색하고 글을 편리하게 작성할 수 있도록 '내 모먼트', '글감', '라이브러리', '템플릿' 기능을 제공합니다.

2 | 스마트에디터 ONE에 글쓰기

우선 스마트에디터 ONE의 편집 창에서 글쓰기 영역에 여러분의 이야기를 적어봅시다. 그리고 다른 사람이 보기 좋게 글을 편집해 볼게요.

✔ 글쓰기

글을 쓸 때는 글 제목부터 입력하고 생각나는 내용을 차분하게 정리해서 작성합니다.

실습예제 | 107쪽의 실습을 계속 이어서 따라 해 보세요.

① 내 블로그의 홈 화면에서 프로필 영역에 있는 '글쓰기'를 선택합니다.

② 스마트에디터 ONE의 편집 창이 열리면 글쓰기 영역에서 '제목'을 클릭하고 글 제목을 입력합니다. 블로그 방문자들은 제목을 보고 글을 읽을지 선택하므로 방문자의 흥미와 관심을 유발할 수 있는 제목을 입력하는 것이 좋겠죠? 글 제목은 최대 100자까지 입력할 수 있습니다. 여기에서는 '가족과 함께하기 좋은 여행지 "제주도"'를 입력했어요.

Tip | 제목만 입력할 수도 있지만 제목과 사진을 함께 넣어서 더욱 돋보이게 작성할 수 있어요.

❸ 제목 영역의 위에 마우스 포인터를 올려놓으면 아이콘이 나타나는데, 배경 사진을 입력할 수 있는 '사진' 아이콘(⊡)을 클릭합니다.

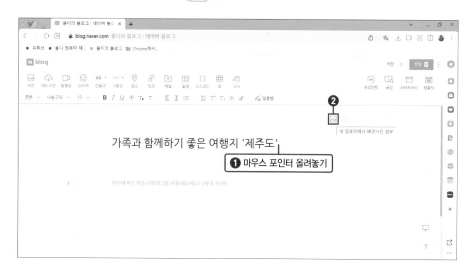

❹ [열기] 대화상자가 열리면 업로드할 이미지 파일을 선택하고 [열기]를 클릭합니다. 여기에서는 부록 파일에서 제공하는 '제주도여행' 폴더의 '제주도.jpg'를 선택했어요.

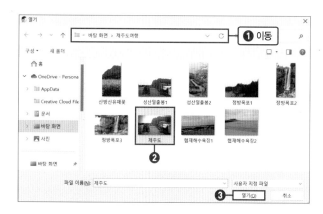

⑤ 제목 영역에 사진이 삽입되었는지 확인하고 글쓰기 영역의 본문에 내용을 입력합니다.

✔ 글 편집하기 – 텍스트 서식 변경하기

다음 블로그 중에서 어떤 글이 더 보기 좋고 내용이 술술 잘 읽히나요?

당연히 오른쪽 블로그의 글이겠죠? 글의 내용을 입력하는 것도 중요하지만, 포스팅은 다른 사람들에게 보여주기 위한 글이므로 가독성이 좋게 편집하는 것도 정말 중요합니다. 자, 그러면 글을 편하게 읽을 수 있도록 예쁘게 꾸며볼까요?

실습예제 | **113쪽의 실습을 계속 이어서 따라 해 보세요.**

❶ 스마트에디터 ONE의 편집 창에서 서식을 변경할 텍스트를 드래그해 블록으로 선택합니다. 속성 도구 막대에 서식을 편집할 수 있는 다양한 도구가 표시되면 클릭해서 서식을 변경합니다. 여기에서는 '글자 크기 변경' 도구(15 ∨)를 클릭해서 크기를 크게 지정했어요.

텍스트를 드래그해 블록으로 선택하니 콘텍스트 메뉴가 나타나요!

텍스트를 블록으로 선택하거나 문서의 첨부 요소를 선택하면 바로 위에 가장 많이 사용하는 속성 도구 막대의 도구들이 나타납니다. 이것을 '콘텍스트 메뉴(context menu)'라고 하는데, 이 메뉴를 사용하면 화면의 위쪽에 있는 속성 도구 막대를 사용하지 않고도 빠르게 속성을 지정해서 편집할 수 있어요.

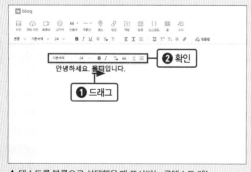
▲ 텍스트를 블록으로 선택했을 때 표시되는 콘텍스트 메뉴

▲ 사진을 선택했을 때 표시되는 콘텍스트 메뉴

② 이와 같은 방법으로 다음과 같이 텍스트를 작성하고 서식을 지정해 보세요.

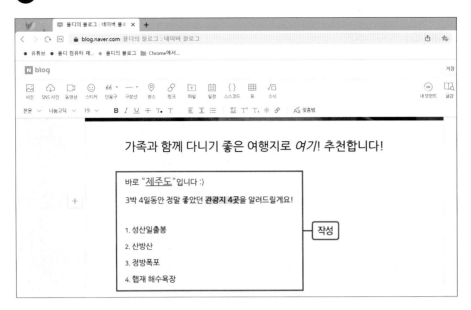

속성 도구 막대의 기능을 알고 싶어요!

속성 도구 막대를 이용하면 문서에 입력한 글(텍스트), 사진, 동영상, 인용구 등에 서식이나 옵션을 지정해서 더욱 보기 좋게 꾸밀 수 있습니다.

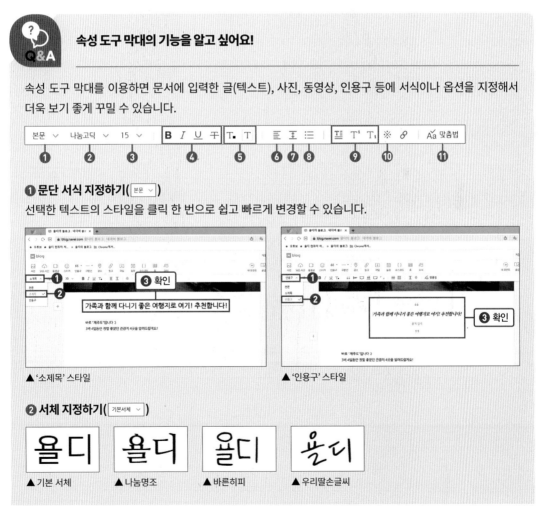

❶ 문단 서식 지정하기(본문 ∨)

선택한 텍스트의 스타일을 클릭 한 번으로 쉽고 빠르게 변경할 수 있습니다.

▲ '소제목' 스타일 　　　　　　▲ '인용구' 스타일

❷ 서체 지정하기(기본서체 ∨)

율디	**율디**	*율디*	*율디*
▲ 기본 서체	▲ 나눔명조	▲ 바른히피	▲ 우리딸손글씨

❸ 글자 크기 지정하기(15 ∨)

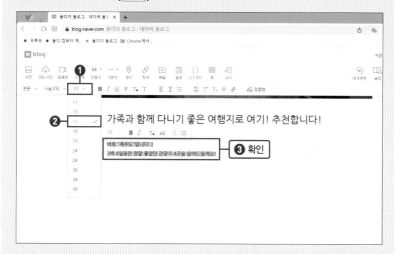

❹ 스타일 지정하기(B *I* U ∓)

▲ 굵기

▲ 기울이기

▲ 밑줄

▲ 취소선

❺ 글자 색과 글자 배경색 지정하기(T. T)

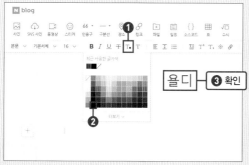
▲ 글자 색을 지정한 경우

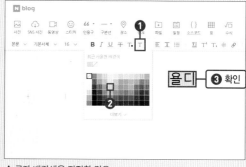
▲ 글자 배경색을 지정한 경우

❻ 정렬 방식 지정하기(≡)

▲ 왼쪽 정렬

▲ 가운데 정렬

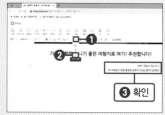
▲ 오른쪽 정렬

❼ 줄 간격 지정하기(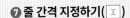)

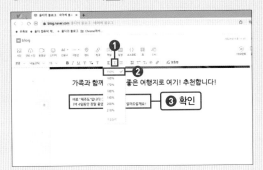

▲ 줄 간격을 150%로 지정한 경우

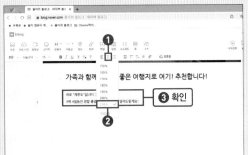

▲ 줄 간격을 210%로 지정한 경우

❽ 목록 만들기(☰)

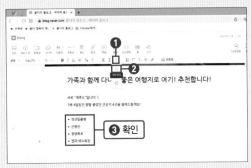

▲ 기호 목록으로 지정한 경우

▲ 숫자 목록으로 지정한 경우

❾ 머리글자, 첨자 만들기(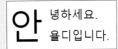)

▲ 머리글자로 지정한 경우　　▲ 위 첨자로 지정한 경우　　▲ 아래 첨자로 지정한 경우

❿ 특수 문자 추가하기(✳)

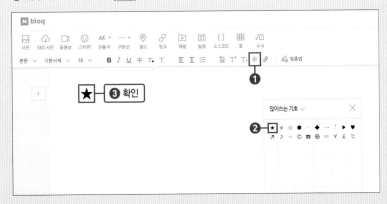

⓫ 맞춤법 검사하기(Aa 맞춤법)

글을 작성한 후 맞춤법이 맞는지 확인하고 수정할 수 있습니다.

실습예제 | 115쪽의 실습을 계속 이어서 따라 해 보세요.

1 스마트에디터 ONE의 편집 창에서 속성 도구 막대의 '맞춤법' 도구(Aa 맞춤법)를 클릭합니다.

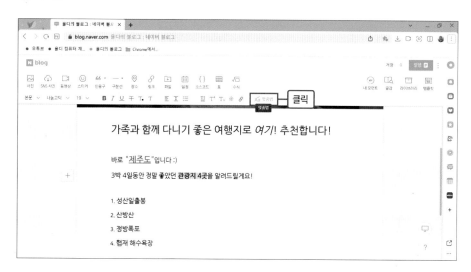

2 입력한 글에서 맞춤법이 틀린 단어가 빨간색 바탕에 표시되면 오류를 확인하고 [수정]을 클릭합니다.

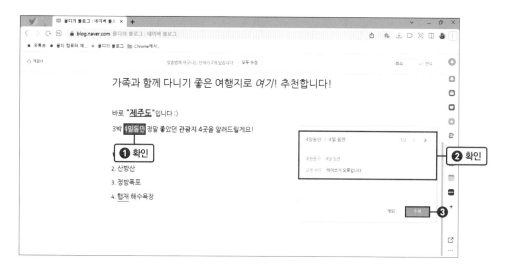

❸ 수정된 단어는 녹색 밑줄이 표시되고 사전에 없거나 표준어가 아니면 수정되지 않습니다. 자동으로 수정되지 않은 단어를 클릭하면 교정 사유를 확인할 수 있어요.

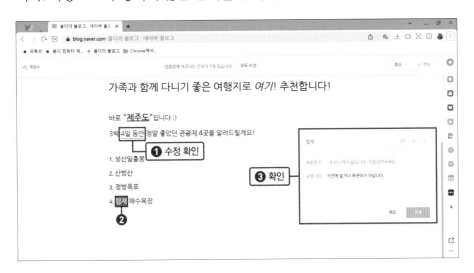

❹ 각 단어를 하나씩 모두 확인하면서 수정할 수도 있고 [모두 수정]을 클릭해 한꺼번에 모두 수정할 수 있습니다. 교정 사유를 확인하고 수정할 필요가 없으면 [제외]를, 수정해야 하면 [수정]을 클릭하면서 맞춤법을 확인하고 수정하세요. 여기에서는 제주도의 지명인 '햅재'가 잘못 입력되어 '협재'로 직접 입력해서 수정했어요.

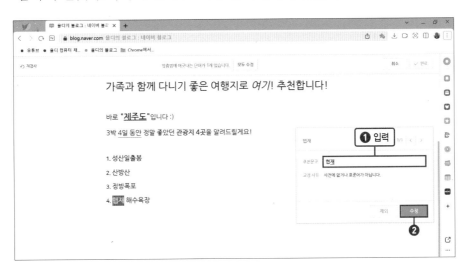

⑤ 수정이 모두 끝나서 맞춤법 검사를 종료하겠는지 묻는 메시지 창이 열리면 [확인]을 클릭합니다.

✔ 블로그에 작성한 글 발행하기

글쓰기를 마쳤으면 블로그에 글을 등록하기 위해 [발행]을 클릭합니다.

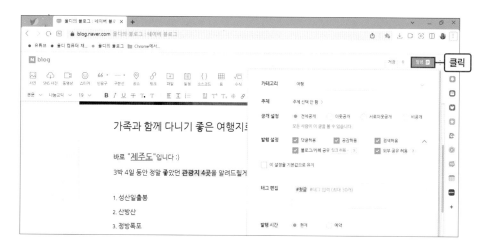

1 카테고리 선택하기

[발행]을 클릭하면 표시되는 목록 중 '카테고리'에서는 89쪽에서 미리 만들어 놓은 카테고리 중에서 하나를 선택합니다.

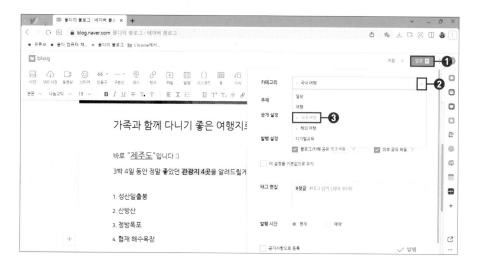

2 주제 선택하기

'주제'에서는 내 글과 관련 있는 주제를 선택하고 [확인]을 클릭합니다.

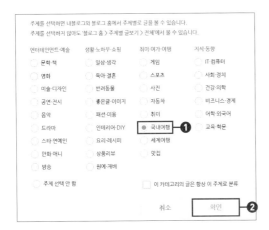

3 공개 설정하기

'공개 설정'에서는 작성한 블로그를 누구에게 공개할지 설정합니다.

❶ **전체공개**: 모든 사람에게 작성한 글을 공개합니다.

❷ **이웃공개**: 이웃들에게만 작성한 글을 공개합니다.

❸ **서로이웃공개**: 서로 이웃한 이웃들에게만 공개합니다.

❹ **비공개**: 나만 작성한 글을 볼 수 있습니다.

4 발행 설정하기

'발행 설정'에서는 작성한 블로그의 글에 댓글을 입력하게 할지, 블로그의 글을 외부로 공유할지의 여부 등을 설정합니다.

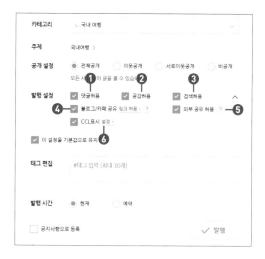

❶ **댓글허용**: 다른 사용자가 댓글을 입력할 수 있습니다.

❷ **공감허용**: 다른 사용자가 공감할 수 있습니다.

❸ **검색허용**: 글이 검색 결과에 노출되도록 설정합니다.

❹ **블로그/카페 공유**: 작성한 글을 블로그나 카페로 스크랩할 수 있습니다.

❺ **외부 공유 허용**: 작성한 글의 URL을 페이스북이나 트위터, 메일 등에 공유할 수 있도록 허용합니다.

❻ **CCL표시**: 작성한 글에 CCL을 표시합니다.

> **Tip** | '이 설정을 기본값으로 유지'에 체크 표시하면 이후 모든 글은 현재 발행 설정대로 포스팅됩니다.

 크리에이티브 커먼즈 라이선스(CCL)

크리에이티브 커먼즈 라이선스(CCL; Creative Commons License)는 저작물 이용 허락 표시 제도로, 저작자가 저작물 사용 조건을 미리 제시해 사용자가 저작자에게 따로 허락을 구하지 않고도 창작물을 사용할 수 있게 한, 일종의 오픈 라이선스입니다. 저작권에 대해서는 168쪽을 참고하세요.

5 태그 편집하기

'태그 편집'에 태그를 입력하고 Enter를 누르면 태그가 작성됩니다. 태그는 최대 30개까지 입력할 수 있어요.

| 카테고리 | └ 국내 여행 |
| 주제 | 국내여행 〉 |

공개 설정   ● 전체공개   ○ 이웃공개   ○ 서로이웃공개   ○ 비공개
모든 사람이 이 글을 볼 수 있습니다.

발행 설정   ☑ 댓글허용   ☑ 공감허용   ☑ 검색허용   ∧
☑ 블로그/카페 공유 링크 허용 · (?)   ☑ 외부 공유 허용   ?
☑ CCL표시 설정 ·

☑ 이 설정을 기본값으로 유지

태그 편집   #첫글 #가족여행 #제주도 #성산일출봉 #산방산 #정방폭포
#협재해수욕장 #태그 입력 (최대 30개)

발행 시간   ● 현재   ○ 예약

☐ 공지사항으로 등록   ✓ 발행

미니 사전   태그(tag)

태그는 글의 내용을 쉽게 검색하기 위해서 정보, 감성, 정황, 글쓴이의 의지 등을 나타내는 단어를 입력해 둔 '단어' 또는 '키워드'입니다. 작성한 글과 관련된 '핵심 단어'를 입력해 두면 해당 단어를 검색했을 때 검색 결과에 글이 노출됩니다.

▲ '제주도'를 검색했을 때 '제주도'가 태그로 지정된 글이 검색된 경우

6 발행 시간 설정하기

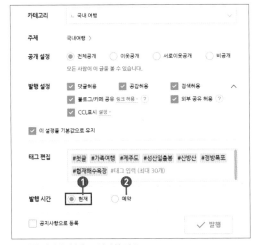

▲ 발행 시간을 '현재'로 설정한 경우

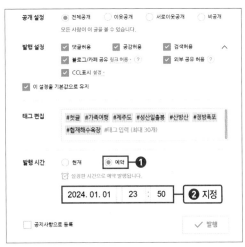

▲ 발행 시간을 임의 날짜로 예약한 경우

123

➊ 현재: [발행]을 클릭하면 글을 선택한 즉시 발행합니다.

➋ 예약: 설정한 날짜와 시간에 글을 발행합니다.

7 공지 사항으로 등록하기

'공지사항으로 등록'에 체크 표시하면 작성한 글을 내 블로그의 공지 사항으로 등록합니다.

 '발행'과 '저장'의 차이가 궁금해요!

[발행]을 클릭하면 설정한 '발행 시간'에 맞춰 블로그에 글이 업로드됩니다. 그리고 [저장]을 클릭하면 작성 중이던 문서를 임시 저장할 수 있습니다. 글쓰기를 잠시 중단해야 할 경우 임시 저장으로 글을 저장해 두었다가 언제든지 계속 이어서 작성할 수 있습니다. 임시 저장한 글은 발행할 때까지 블로그에 노출되지 않습니다.

▲ [발행]을 클릭해 설정한 발행 시간에 블로그에 글을 업로드한 경우

실습예제 | 120쪽의 실습을 계속 이어서 따라 해 보세요.

❶ 스마트에디터 ONE의 편집 창에서 [저장]을 클릭해 이제까지 작성한 글을 저장합니다.

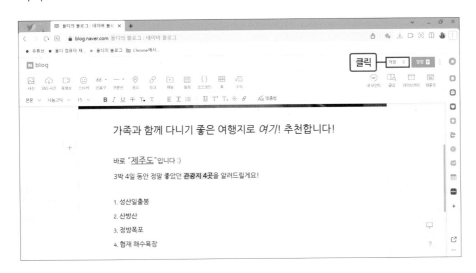

❷ 작성 중인 글이 임시 저장되면서 [저장] 옆에 임시 저장된 글의 개수가 표시됩니다. 여기에서는 숫자 [1]을 선택해 보세요.

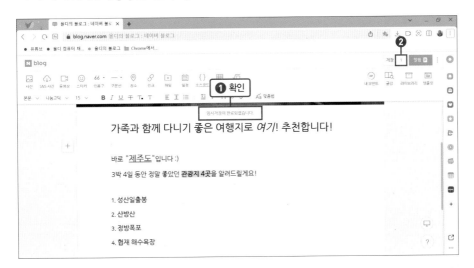

❸ 임시 저장된 글의 전체 목록을 확인할 수 있습니다. 임시 저장 목록에서 임시 저장된 글을 선택하면 해당 글을 불러와 다시 이어서 작성할 수 있어요.

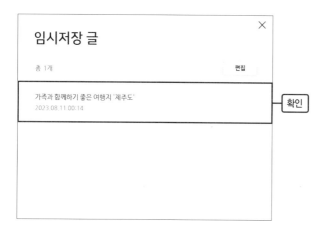

❹ 임시 저장 목록에 마우스 포인터를 올려놓으면 '삭제' 아이콘(🗑)이 나타납니다. 이 것을 클릭하면 해당 글을 목록에서 삭제할 수 있지만, 작성 중인 글은 삭제할 수 없어요.

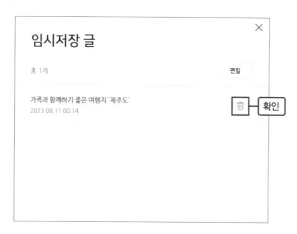

✔ 블로그에 등록한 글 수정 및 삭제하기

블로그에 포스팅한 글을 살펴보다 보면 내용을 수정하거나 삭제하고 싶을 때가 있죠? 이 미 발행한 글도 수정 및 삭제할 수 있습니다.

▮ 글 수정하기

스마트에디터 ONE의 편집 창에서 글을 수정해 보겠습니다.

실습예제 | 내 블로그의 홈 화면에서 실습하세요.

1 블로그 홈 화면의 글 목록에서 수정할 글을 선택해서 엽니다.

2 제목의 오른쪽에 있는 '더 보기'(⋮)를 클릭하고 [수정하기]를 선택합니다.

Tip | 글 아래쪽에 있는 [수정]을 클릭해도 됩니다.

3 스마트에디터 ONE의 편집 창으로 이동하면 내용을 수정합니다. 여기에서는 입력된 내용을 따옴표 인용구로 변경하고 글자 색을 변경했습니다.

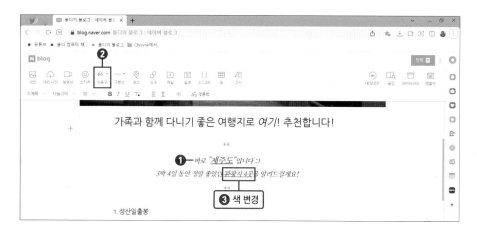

4 [발행]을 클릭하고 '발행 설정'을 확인한 후 [발행]을 클릭합니다.

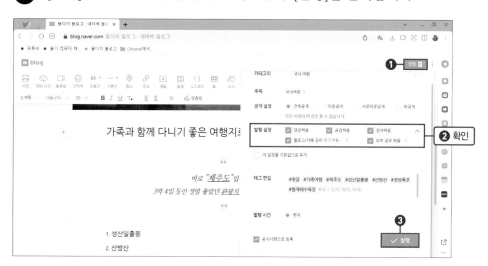

5 수정한 글이 포스팅되었는지 확인합니다.

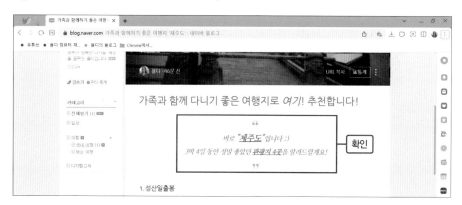

2 글 삭제하기

작성한 글을 삭제해 보겠습니다.

무작정 따라하기 │ 글 삭제하기

실습예제 │ **128쪽의 실습을 계속 이어서 따라 해 보세요.**

1 블로그 홈 화면의 글 목록에서 수정할 글을 선택해서 엽니다. 제목의 오른쪽에 있는 '더 보기'(⋮)를 클릭하고 [삭제하기]를 선택하세요.

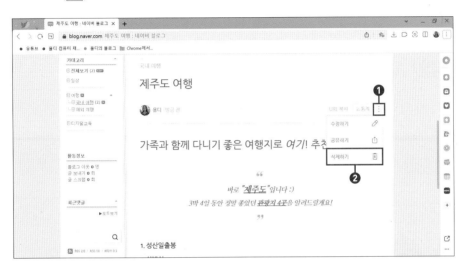

> **Tip** │ 글 아래쪽에 있는 [삭제]를 클릭해도 됩니다.

2 삭제하겠는지 묻는 메시지 창이 열리면 [확인]을 클릭합니다. 삭제한 글은 다시 복구할 수 없으므로 신중하게 삭제하세요.

> **Tip** │ 여기에서는 다음 실습을 계속 따라 하기 위해 삭제하는 방법만 익혀두고 [취소]를 클릭하세요.

풍성한 볼거리를 제공하는 글 포스팅하기

포스팅할 때 글만 쓰는 게 아니라 사진이나 동영상과 지도를 첨부할 수도 있고 관련 정보를 연결해 주는 링크도 넣을 수 있어요. 이번에는 다양한 정보를 추가해서 풍성한 볼거리를 제공하는 글을 포스팅하는 방법을 차근차근 알아보겠습니다.

1 | 내가 촬영한 사진 첨부하기

다음과 같이 2개의 글이 있다면 어떤 글을 선택할 건가요?

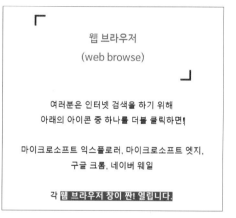

아마 대부분 사람은 왼쪽 글을 선택해서 읽을 것입니다. 그런데 자세히 살펴보면 이들 글에는 이미지(사진)가 있고 없고의 한 가지 차이만 있을 뿐입니다. 이렇게 이미지 한 장으로 글을 흥미롭게 보이게 하고 사람들의 마음을 사로잡을 수 있습니다.

✔ 사진 첨부하고 교체 및 삭제하기

블로그에 사진이나 이미지를 첨부하거나 첨부한 사진을 교체 및 삭제할 수 있습니다.

1 사진 첨부하기

128쪽에서 포스팅한 글에 사진을 추가해서 수정해 볼게요.

실습예제 | **128쪽의 실습을 계속 이어서 따라 해 보세요.**

① 내 블로그에서 이미 포스팅한 글을 수정하기 위해 글 제목의 오른쪽에 있는 '더 보기'(⋮)를 클릭하고 [수정하기]를 선택합니다.

Tip | 글 아래쪽에 있는 [수정]을 클릭해도 됩니다.

---

② 글을 수정할 수 있는 스마트에디터의 ONE 편집 창이 열리면 사진을 넣을 위치를 클릭해서 커서를 올려놓습니다. 여기에서는 '성산일출봉' 아래에 커서를 올려놓고 기본 도구 막대에서 '사진' 도구를 클릭하세요.

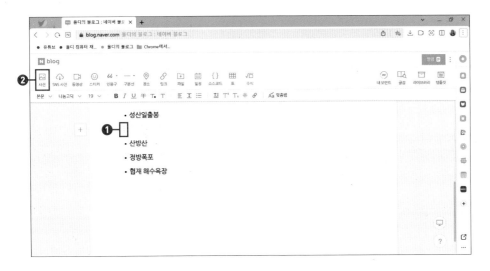

3 [열기] 대화상자가 열리면 추가할 사진 파일을 선택하고 [열기]를 클릭합니다. 여기에서는 부록 파일에서 제공하는 '제주도여행' 폴더의 '성산일출봉1.jpg'를 선택했어요.

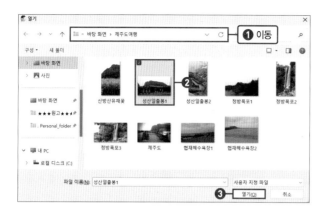

Tip | [열기] 대화상자에서 여러 장의 사진 파일을 선택하는 방법은 134쪽의 'Q&A. 여러 장의 사진을 한꺼번에 삽입하고 싶어요!'를 참고하세요.

4 사진을 추가했으면 '사진 설명을 입력하세요.'를 클릭하고 사진 설명을 입력합니다. 여기에서는 '제주 서귀포시 성산읍 성산리 1'을 입력했어요.

Tip | 추가한 사진 아래에 '사진 설명을 입력하세요.'가 보이지 않으면 사진을 클릭해서 표시하세요.

5 사진의 모서리 조절점을 드래그해 사진 크기를 조절합니다.

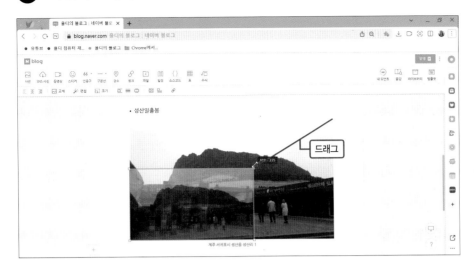

6 수정한 사진의 크기와 사진 설명(캡션)을 확인합니다.

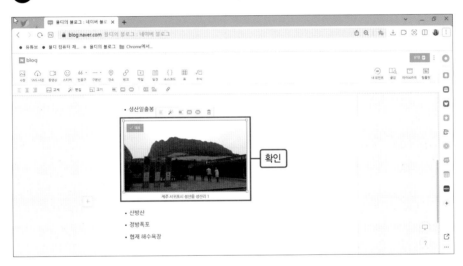

여러 장의 사진을 한꺼번에 삽입하고 싶어요!

[열기] 대화상자에서 Ctrl 을 누른 상태에서 사진 파일을 차례대로 클릭해 여러 장을 선택하고 [열기]를 클릭합니다. 여기에서는 부록 파일의 '제주도여행' 폴더에서 제공하는 사진 파일 중 '성산일출봉1.jpg'와 '성산일출봉2.jpg'를 선택했어요.

[사진 첨부 방식] 창이 열리면 콜라주나 슬라이드와 같은 형태로 많은 양의 사진을 한 번에 첨부할 수 있습니다. 단, 그룹 사진은 2장 이상 10장 이하의 사진으로 만들 수 있어요.

❶ **개별사진**: 기존의 사진 첨부 방식으로 여러 장의 사진을 개별 첨부합니다.
❷ **콜라주**: 여러 장의 사진을 하나의 타일 형태로 구성합니다.
❸ **슬라이드**: 여러 장의 사진을 하나의 슬라이드 형태로 구성합니다.

▲ 개별 사진으로 삽입하기

▲ 콜라주 형식으로 사진 삽입하기

▲ 슬라이드 형식으로 사진 삽입하기

2 사진 교체하기

블로그에 삽입한 사진이 마음에 들지 않는다면 다른 사진으로 교체할 수 있습니다.

무작정 따라하기　원하는 사진으로 교체하기

실습예제 | 133쪽의 실습을 계속 이어서 따라 해 보거나 사진을 삽입한 글에서 실습하세요.

❶ 스마트에디터 ONE의 편집 창에서 사진을 선택하고 속성 도구 막대에서 '교체' 도구 (🖼 교체)를 클릭합니다.

❷ [열기] 대화상자가 열리면 교체할 사진 파일을 선택하고 [열기]를 클릭합니다. 여기에서는 부록 파일에서 제공하는 '제주도여행' 폴더의 '성산일출봉2.jpg'를 선택했어요.

❸ 선택한 사진으로 교체되었는지 확인합니다.

❸ 사진 삭제하기

삭제할 사진을 선택하고 콘텍스트 메뉴에서 '삭제'(🗑)를 클릭하거나 Delete 를 눌러 삭제할 수 있습니다.

✔ 사진 편집하기

사진 파일을 원본 그대로 첨부해도 되지만, 글에 잘 어울리게 사진의 크기, 정렬, 너비, 배열 등을 변경하고 캡션을 추가할 수 있습니다.

❶ 사진의 크기 변경하기

작성중인 글에 알맞게 사진의 크기를 변경해서 글과 잘 어울리게 조절할 수 있습니다.

실습예제 | 133쪽의 실습을 계속 이어서 따라 해 보거나 사진을 삽입한 글에서 실습하세요.

1 스마트에디터 ONE의 편집 창에서 사진을 선택합니다. 속성 도구 막대에서 '크기' 도구(⊡ 크기)를 클릭하고 너비(W) 값이나 높이(H) 값을 입력한 후 [확인]을 클릭합니다.

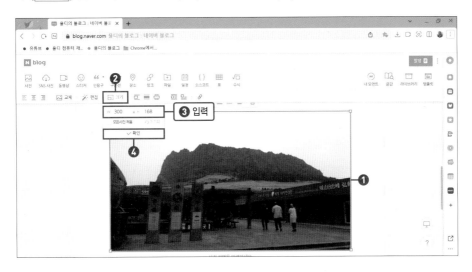

> **Tip** | 사진은 문서 너비보다 크게 변경할 수 없습니다(최대 700px 이하).

2 입력한 너비 값과 높이 값대로 사진의 크기가 변경되었는지 확인합니다.

첨부한 모든 사진을 같은 크기로 변경하고 싶어요!

1. 크기를 변경하려는 사진을 선택하고 속성 도구 막대에서 '크기' 도구(크기)를 클릭합니다. '모든 사진 적용'에 체크 표시하고 너비(W) 값이나 높이(H) 값을 입력한 후 [확인]을 클릭하세요.

2. 문서에 있는 모든 사진을 똑같은 크기로 변경할 수 있습니다.

2 사진 정렬하기

사진을 선택하고 속성 도구 막대에서 정렬 도구(≣ ≣ ≣)를 클릭해서 사진을 정렬할 수 있습니다. 그리고 콘텍스트 메뉴의 정렬 도구를 클릭하면 '가운데 정렬' → '오른쪽 정렬' → '왼쪽 정렬' 순으로 변경됩니다.

▲ 왼쪽 정렬

▲ 가운데 정렬

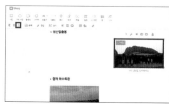
▲ 오른쪽 정렬

3 사진의 너비 설정하기

사진을 선택하고 속성 도구 막대에서 너비 도구(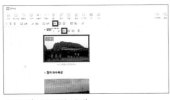)를 클릭해 사진의 너비를 설정할 수 있습니다.

▲ 작게(문서 이하 너비)

▲ 문서 너비

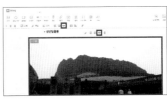
▲ 옆트임

4 사진의 배열 설정하기

사진과 텍스트를 한 문단에 병렬로 배치할 수 있습니다.

무작정 따라하기 **사진과 텍스트의 위치 배열하기**

실습예제 | 133쪽의 실습을 계속 이어서 따라 해 보거나 사진을 삽입한 글에서 실습하세요.

❶ 스마트에디터 ONE의 편집 창에서 사진을 선택하고 속성 도구 막대에서 '문단 내 배치 열기' 도구(▦)를 클릭하면 네 가지 배열 옵션 중 하나를 선택할 수 있습니다.

❶ 내부 좌측 정렬(▤) ❷ 내부 우측 정렬(▥)
❸ 큰 이미지 내부 좌측 정렬(▤) ❹ 큰 이미지 내부 우측 정렬(▥)

② 사진을 배열했으면 사진 옆의 빈 영역을 클릭해 텍스트를 입력할 수 있습니다.

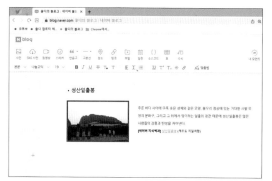

▲ 사진을 내부 왼쪽에 정렬한 경우   ▲ 사진을 내부 오른쪽에 정렬한 경우

▲ 큰 사진을 내부 왼쪽에 정렬한 경우   ▲ 큰 사진을 내부 오른쪽에 정렬한 경우

③ 다시 사진을 선택하고 속성 도구 막대에서 '작게' 도구(▭)를 클릭하면 배열 기능이 해제됩니다. 이렇게 배열을 해제하면 첨부한 사진과 입력한 텍스트는 개별 문단으로 분리됩니다.

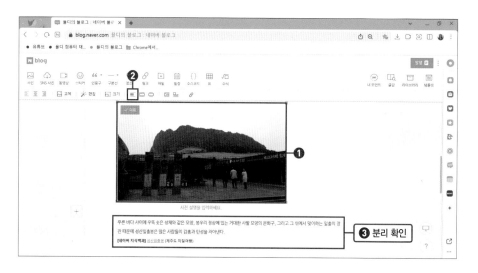

✔ 사진 꾸미기 – 스마트에디터

스마트에디터(Smart Editor)를 이용하면 사진의 크기 조절부터 보정, 필터, 스티커, 서명 등 사진을 편집할 수 있어요. 그리고 다양한 꾸미기 기능을 사용해 외부 프로그램의 도움 없이 클릭 몇 번만으로도 쉽게 멋진 사진으로 편집할 수 있습니다.

1 스마트에디터 실행하기

사진을 선택하고 속성 도구 막대에서 '편집' 도구(✎ 편집)를 클릭하거나 콘텍스트 메뉴에서 '편집'(✎)을 클릭하면 이미지를 편집할 수 있는 스마트에디터가 실행됩니다.

2 스마트에디터로 사진 편집하기

스마트에디터를 이용해서 사진의 크기를 조절하고, 자르고, 회전시키고, 필터 효과를 지정하는 등 보기 좋게 꾸밀 수 있습니다.

❶ 크기(▣)

원하는 가로 너비를 선택해 사진의 크기를 변경하거나 [직접 입력]을 클릭해 크기를 자유롭게 설정할 수 있습니다.

▲ 사진의 크기를 600으로 지정한 경우

> **Tip** │ [모든 사진]을 클릭해 편집 중인 글에 첨부된 모든 사진의 크기를 한 번에 모두 변경할 수도 있고 [사진 선택]을 클릭해 선택한 사진의 크기만 변경할 수도 있습니다.

❷ 자르기, 회전(◹)

비율을 선택해 사진을 자르거나 '종횡비'의 '자유'를 클릭해 잘라낼 사진의 크기를 자유롭게 설정할 수 있습니다. 그리고 사진 모서리를 드래그해 자를 범위를 지정하고 사진을 드래그해 보여질 부분을 조정할 수 있어요.

▲ 사진을 자유롭게 자르는 경우

사진의 오른쪽에 있는 각도기를 드래그해 사진을 기울이거나 수평으로 맞출 수 있습니다.

▲ 사진을 위쪽으로 회전해 수평으로 맞춘 경우

❸ 필터(☒)

다양한 색감과 스타일의 필터를 이용해서 사진을 더욱 분위기 있게 연출할 수 있습니다.

▲ 사진에 Blossom 필터 효과를 지정한 경우

Tip │ 필터 효과를 지정한 이미지를 누르면 원본 이미지의 분위기와 비교할 수 있어요.

❹ 보정(☒)

밝기, 채도, 선명도, 대비 등을 설정해 사진을 보기 좋게 보정할 수 있습니다.

▲ 사진의 밝기와 채도, 선명도, 색 온도, 대비 등을 보기 좋게 보정한 경우

❺ 액자(▭)

사진 테두리에 액자 형태의 이미지를 추가할 수 있습니다.

▲ 사진에 검은색 테두리가 있는 액자 테두리를 지정한 경우

❻ 서명(ⓒ)

다양한 형태의 서명을 만들고 사진에 쉽게 추가할 수 있습니다.

▲ 이미지 서명　　　　　　　　　　▲ 텍스트 서명　　　　　　　　　　▲ 템플릿 서명

- **이미지 서명():** 400×200px, 200KB 이하 이미지를 첨부해 서명으로 사용합니다.
- **텍스트 서명():** 국문 최대 21자, 영문 42자의 텍스트를 입력해 서명으로 사용합니다.
- **템플릿 서명():** 10종의 템플릿 중 원하는 디자인을 선택한 후 텍스트를 입력해 서명으로 사용합니다.

무작정 따라하기 | **텍스트 서명을 이용해 블로그 주소 입력하기**

실습예제 | **140쪽의 실습을 계속 이어서 따라 해 보세요.**

1 스마트에디터 ONE의 편집 창에서 사진을 선택하고 속성 도구 막대에서 '편집' 도구(편집)을 클릭합니다.

2 스마트에디터가 열리면 144쪽을 참고해 '액자'(□)를 클릭해서 검은색 테두리가 있는 액자 테두리를 지정합니다. '서명'(ⓒ)을 클릭해 '텍스트'(□)를 클릭하면 자동으로 내 블로그 주소가 서명으로 추가됩니다.

③ 텍스트의 서체와 크기, 글자 색, 배경색 등을 설정하고 굵게와 밑줄도 지정하는 등 서식을 다양하게 변경합니다.

④ 서명을 원하는 위치로 드래그해 이동하고 [완료]를 클릭합니다.

5 블로그에서 사진에 보기 좋게 입력된 블로그 주소를 확인합니다.

❼ 모자이크(▦)

사진에서 숨기고 싶은 부분을 모자이크로 살짝 가릴 수 있습니다.

무작정 따라하기 | 얼굴에 모자이크 지정하기

실습예제 | **스마트에디터 ONE의 편집 창에서 실습하세요.**

1 내 블로그의 홈 화면에서 프로필 영역에 있는 '글쓰기'를 선택해 스마트에디터 ONE의 편집 창을 열고 기본 도구 막대의 '사진'을 클릭해 인물 사진을 삽입합니다. 여기에서는 부록 파일에서 제공하는 '인물.png'를 삽입하고 속성 도구 막대에서 '편집' 도구(✎ 편집)를 클릭했어요.

> **Tip** | 사진을 삽입하는 방법은 131쪽의 '무작정 따라하기'를 참고하세요.

❷ 스마트에디터가 실행되면 '모자이크'(▓)를 클릭합니다.

❸ '자동 인식'을 활성화하면 사진 속 얼굴을 인식해 자동으로 모자이크가 적용됩니다.

4 각 모자이크는 클릭한 후 원하는 위치로 드래그해서 이동하거나 모서리의 조절점을 이용해 크기를 조절할 수 있습니다.

5 모자이크를 선택하고 [닫기] 버튼(■)을 클릭하면 모자이크가 삭제됩니다.

❽ 텍스트(🔲)

사진에 글자를 입력할 수 있습니다.

▲ 사진에 아트타이포 텍스트를 입력한 경우

- **일반 텍스트**: [+ 추가]를 클릭하면 사진에 글자를 입력할 수 있는 텍스트 상자가 추가됩니다. 텍스트 상자에 글자를 입력하고 서체, 크기, 글자 색 등의 서식을 지정할 수 있어요.

- **아트타이포**: 45개의 텍스트 스타일 중 원하는 스타일을 선택하면 사진에 아트타이포가 추가됩니다. 타이틀 상자에 텍스트를 입력한 후 글자 색을 변경할 수 있어요.

- **말풍선**: 10개의 말풍선 스타일 중 원하는 항목을 선택하면 말풍선 형태의 텍스트 상자가 사진에 추가됩니다. 텍스트를 입력한 후 서체, 크기, 글자 색 등의 서식을 변경할 수 있습니다.

❾ 스티커(　)

이모지, 캐릭터, 타이포 등 다양한 디자인의 스티커로 사진을 재미있게 꾸밀 수 있습니다.

Tip | '자동 얼굴 인식 스티커'(■)를 클릭하면 사진 속 얼굴이 자동으로 인식되어 선택한 스티커가 적용됩니다. 모자이크보다 재미있게 얼굴을 가릴 수 있겠죠?

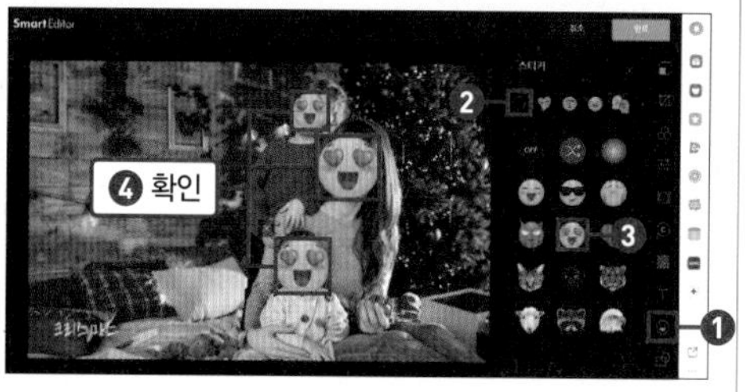

⑩ 마스크(■)

다양한 모양의 도형으로 사진을 자를 수 있습니다.

무작정 따라하기 별 도형 안에 사진 넣어 꾸미기

실습예제 | 147쪽의 실습을 계속 이어서 따라 해 보거나 사진을 삽입한 글에서 실습하세요.

1 스마트에디터 ONE의 편집 창에서 사진을 선택하고 속성 도구 막대에서 '편집' 도구(편집)를 클릭합니다.

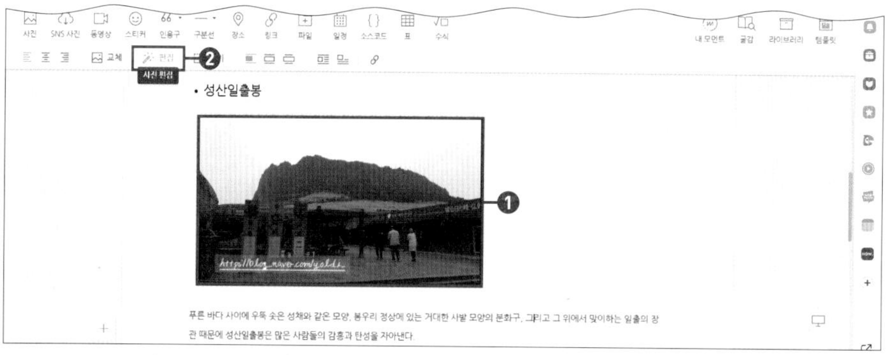

2 스마트에디터가 열리면 '마스크'(■)를 클릭하고 별 도형(■)을 클릭합니다.

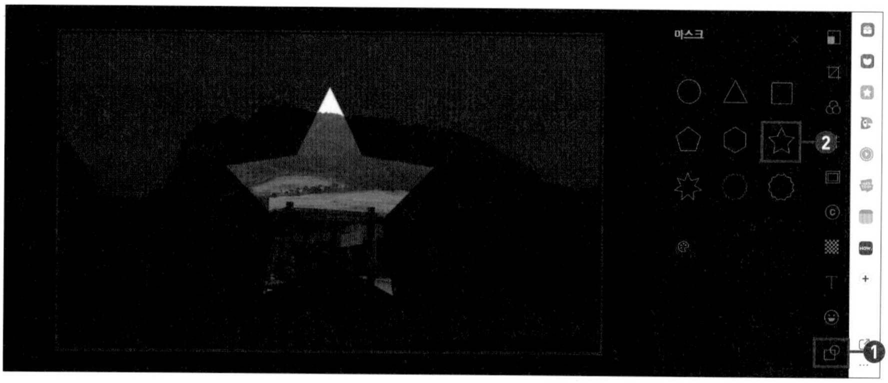

❸ 사진에 별 도형이 표시되면 원하는 위치로 이동합니다. 별 도형에 표시할 사진의 크기를 좀 더 크게 표시하기 위해 별 도형의 각 모서리 조절점을 오른쪽 위로 크게 드래그하세요.

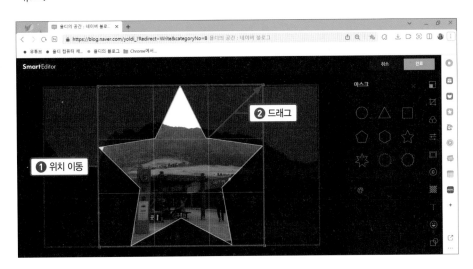

❹ 별 도형의 테두리 색과 불투명도, 두께를 변경하고 [적용]을 클릭합니다.

> **Tip** | 스마트에디터에서 사진 편집이 끝나면 화면의 오른쪽 위에 있는 [완료]를 클릭합니다. 스마트에디터 화면으로 되돌아오면 [발행]을 클릭해 수정 사항을 블로그에 반영할 수 있어요.

2 | 현장감이 생생한 동영상 첨부하기

스마트폰의 갤러리를 보면 사진뿐만 아니라 동영상도 많죠? 멋진 풍경이나 재미있는 순간은 사진보다 동영상으로 촬영해두면 나중에 훨씬 더 생생하게 기억하고 추억할 수 있어요. 이번에는 여러분의 스마트폰 속에 담긴 동영상을 블로그 글에 담아 공유해 보겠습니다.

✔ 동영상 첨부하기

내 컴퓨터에 저장된 동영상과 네이버 MYBOX에 있는 동영상을 블로그에 첨부해 볼게요.

1️⃣ 내 컴퓨터에 저장된 동영상 첨부하기

앞에서 포스팅한 글에 내 컴퓨터에 저장된 동영상을 추가해 보겠습니다.

무작정 따라하기 **내 컴퓨터에 있는 동영상 추가하고 재생하기**

실습예제 | 내 블로그에 포스팅한 글에서 실습하세요.

❶ 내 블로그에서 포스팅한 글을 열고 글 제목의 오른쪽에 있는 '더 보기'(⋮)를 클릭한 후 [수정하기]를 선택합니다.

> **Tip** | 글 아래쪽에 있는 [수정]을 클릭해도 됩니다.

② 글을 수정할 수 있는 스마트에디터 ONE의 편집 창이 열리면 동영상을 삽입하려는 곳을 클릭해 커서를 올려놓고 기본 도구 막대에서 '동영상' 도구를 클릭합니다.

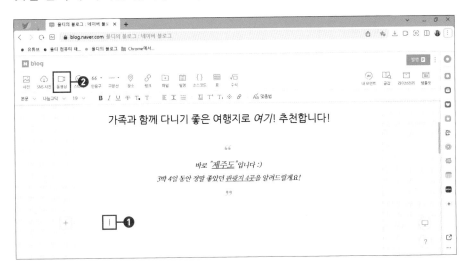

③ 동영상 추가 창이 열리면 [일반 동영상] 탭에서 [동영상 추가]를 클릭합니다. 동영상 파일은 최대 10개, 파일 용량은 8GB, 420분까지 업로드할 수 있어요.

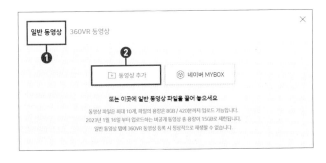

④ [열기] 대화상자가 열리면 추가할 동영상 파일을 선택하고 [열기]를 클릭합니다. 여기에서는 부록 파일의 '제주도여행' 폴더에서 제공하는 '제주도여행_동영상.mp4'를 선택했어요.

❺ 동영상이 업로드되었으면 대표 이미지를 선택하고 동영상의 '제목'과 '정보'를 입력한 후 [태그추가]를 클릭합니다. '제목'은 필수 항목으로 최대 40자까지, '정보'는 선택 항목으로 최대 300자까지 입력할 수 있습니다.

Tip | 사진 파일을 업로드해 대표 이미지로 설정할 수도 있습니다.

❻ 추가할 태그를 입력하고 [완료]를 클릭합니다.

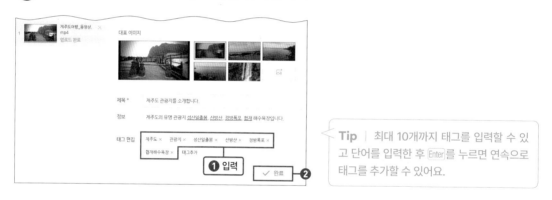

Tip | 최대 10개까지 태그를 입력할 수 있고 단어를 입력한 후 Enter를 누르면 연속으로 태그를 추가할 수 있어요.

❼ 글에 동영상을 추가했으면 [발행]을 클릭해 글 수정을 완료합니다.

⑧ 포스팅된 글에 추가된 동영상을 확인합니다. '재생'(▶)을 클릭해 동영상을 재생할
수 있어요.

> **Tip** | 동영상 화면에서 '전체 화면'(⬚)을 클릭하면 동영상을 모니터 화면에 가득 채워서 크게 재생할 수 있습니다. 다시 원래 화면으로 되돌리려면 '전체 화면 해제'(⬚)나 Esc를 누르세요.

② 네이버 MYBOX에 저장된 동영상 첨부하기

네이버 MYBOX 클라우드 서비스를 이용해 내 블로그에 동영상을 업로드할 수 있습니다.
MYBOX의 이용 방법은 200쪽을 참고하세요.

무작정 따라하기 | **네이버 MYBOX에 있는 동영상 추가하고 재생하기**

실습예제 | 스마트에디터 ONE의 편집 창에서 실습하세요.

❶ 스마트에디터 ONE의 편집 창에서 동영상을 추가하려는 곳을 클릭해 커서를 올려놓
고 기본 도구 막대에서 '동영상' 도구를 클릭합니다.

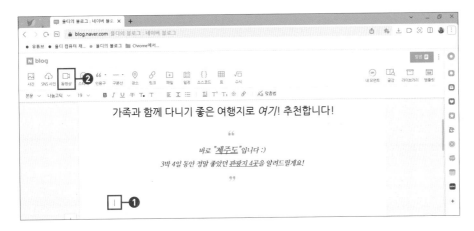

2 동영상 추가 창이 열리면 [일반 동영상] 탭에서 [네이버 MYBOX]를 클릭합니다.

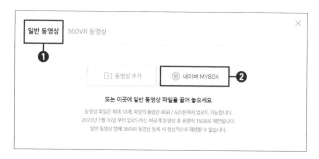

3 네이버 MYBOX에 업로드된 동영상 파일 위에 마우스 포인터를 올려놓으면 선택 박스가 나타납니다. 업로드할 영상에 체크 표시하고 [첨부하기]를 클릭하세요.

> Tip | 네이버 MYBOX에 업로드된 동영상이 있어야 스마트에디터로 가져와서 삽입할 수 있습니다.

네이버 MYBOX를 클릭하면 '사용할 수 없는 아이디입니다.' 창이 열려요!

네이버 MYBOX는 본인 인증을 완료한 아이디 중 하나의 아이디에서만 이용할 수 있습니다. 따라서 이미 다른 아이디로 MYBOX 서비스를 이용하고 있다면 현재 아이디로는 서비스를 이용할 수 없어요. 이 경우에는 아이디를 이전해 네이버 MYBOX의 이용 아이디를 변경할 수 있습니다. 아이디를 이전해 MYBOX를 이용하는 방법은 203쪽을 참고하세요.

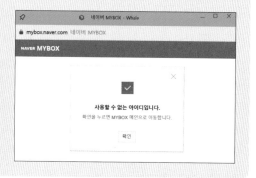

4 [동영상 업로드] 창이 열리면 156쪽의 무작정 따라하기 **5**~**8** 과정과 동일하게 설정한 후 발행합니다.

✔ 동영상의 크기와 정보, 너비 수정하고 삭제하기

글에 추가한 동영상의 크기, 정보, 너비를 변경하고 삭제해 보겠습니다.

1 동영상의 크기 변경하기

스마트에디터 ONE의 편집 창에서 동영상을 선택합니다. 속성 도구 막대에서 '크기' 도구(🔲 크기)를 클릭하고 너비(W) 값이나 높이(H) 값을 입력한 후 [확인]을 클릭합니다.

2 동영상의 정보 수정하기

동영상을 선택하고 속성 도구 막대에서 '정보 편집' 도구(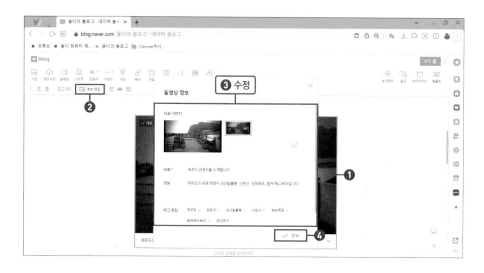를 클릭합니다. [동영상
정보] 창이 열리면 동영상을 업로드할 때 입력했던 정보(대표 이미지, 제목, 정보, 태그)를
수정할 수 있어요.

Tip | 동영상을 더블클릭하면 [동영상 정보] 창이 곧바로 나타납니다.

3 동영상의 너비 변경하기

동영상을 선택하고 속성 도구 막대에서 너비 옵션 도구(⬜ ▬ ⬜)를 클릭해 너비를 변경
할 수 있습니다.

Tip | 동영상의 콘텍스트 메뉴에서도 너비 옵션을 선택할 수 있어요.

4 동영상 삭제하기

동영상을 선택하고 콘텍스트 메뉴에서 '삭제'(🗑)를 클릭하거나 Delete 를 눌러 삭제할 수 있습니다.

3 | 정확한 위치를 알려주는 지도 첨부하기

블로그에 글을 포스팅하는 것은 다른 사람들에게 정보를 주기 위해서입니다. 이번에는 여러 정보 중에서 여행지나 맛집 등의 위치를 정확하게 알려주기 위해 블로그 글에 지도를 첨부해 볼게요.

✔ 지도 첨부하기

블로그 글에 '성산일출봉'의 위치 정보를 첨부해 보겠습니다.

실습예제 | 내 블로그에 포스팅한 글에서 실습하세요.

① 　내 블로그에서 포스팅한 글을 열고 글 제목의 오른쪽에 있는 '더 보기'(⋮)를 클릭한 후 [수정하기]를 선택합니다.

② 　글을 수정할 수 있는 스마트에디터 ONE의 편집 창이 열리면 139쪽 '무작정 따라하기' 실습을 참고해서 '성산일출봉' 사진과 텍스트의 위치를 내부 왼쪽에 정렬합니다. '성산일출봉'의 아래쪽을 클릭해 커서를 올려놓으세요.

❸ 기본 도구 막대에서 '장소' 도구를 클릭하고 [국내] 또는 [해외]를 선택하는데, 여기에서는 [국내]를 선택하세요.

❹ 장소명인 '성산일출봉'을 입력하고 Enter를 누릅니다. '성산일출봉'에 대한 검색 결과가 표시되면 지도로 표시할 위치를 선택하기 위해 '성산일출봉'에 마우스 포인터를 올려놓고 [추가]가 표시되면 클릭하세요.

> **Tip** │ 장소명 대신 주소를 입력해서 검색할 수도 있습니다.

❺ 지도에 '성산일출봉' 위치가 추가되었는지 확인합니다.

6 이와 같은 방법으로 '성산일출봉' 주변의 다른 위치도 표시하고 [확인]을 클릭합니다.

Tip │ 하나의 지도에 여러 장소를 표시할 수 있어요. 가까운 지역 안에서 이동할 수 있는 장소를 최대 5곳까지 추가할 수 있습니다.

7 블로그 글에 지도 이미지와 위치가 첨부되었는지 확인합니다.

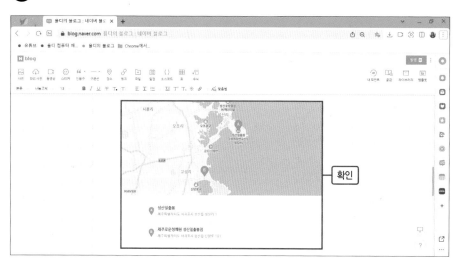

원하는 장소가 검색되지 않아요!

장소명으로 검색되지 않는 장소는 지도 위의 장소를 직접 클릭해 선택해서 표시할 수 있습니다.

실습예제 | **164쪽의 실습을 계속 이어서 따라 해 보세요.**

1 　164쪽의 **7** 과정에서 블로그에 첨부된 지도를 선택하고 '장소 편집'(✎)을 클릭합니다.

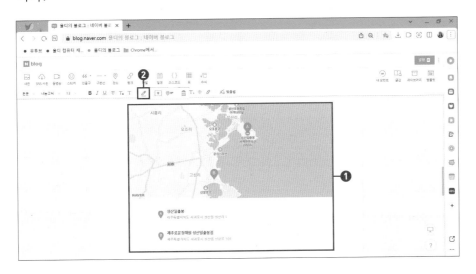

2 　지도 정보 편집 창이 열리면 [지도에 직접 표시]를 클릭합니다. 마우스 포인터가 **+** 모양으로 바뀌면 원하는 장소를 클릭해 선택하세요. 여기에서는 '성산일출봉'의 왼쪽에 있는 '오조포구'를 클릭했어요.

③ 위치명 '오조포구'를 입력하고 [+ 추가]를 클릭한 후 [확인]을 클릭합니다.

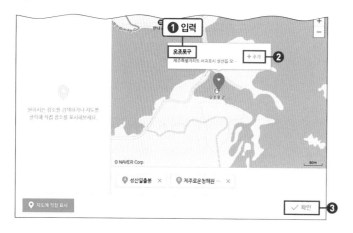

④ 블로그 글에 '오조포구'의 지도 이미지와 위치가 첨부되었는지 확인합니다.

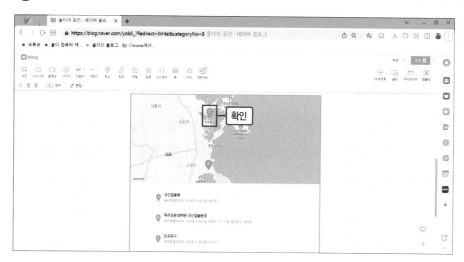

✔ 지도 타입과 정보 수정하고 삭제하기

글에 추가한 지도 타입과 정보를 변경하고 삭제해 볼게요.

1 지도 타입 변경하기

지도를 선택하고 속성 도구 막대나 콘텍스트 메뉴에서 '이미지형'(🔲)이나 '텍스트형'(◎▤)을 클릭해 지도 타입을 변경할 수 있습니다.

▲ 이미지지형

▲ 텍스트형

2 지도 정보 편집하기

지도를 선택하고 속성 도구 막대의 '편집' 도구(✎ 편집)나 콘텍스트 메뉴에서 '편집'(✎)을 클릭해 장소를 수정 및 추가, 삭제할 수 있습니다.

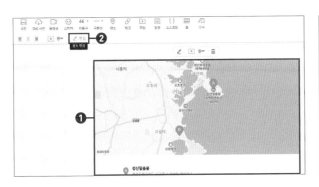

> **Tip** | 지도를 더블클릭하면 지도 정보 편집 창이 바로 나타납니다.

3 지도 삭제하기

삭제할 지도를 선택하고 콘텍스트 메뉴에서 '삭제'(🗑)를 클릭하거나 Delete 를 누릅니다.

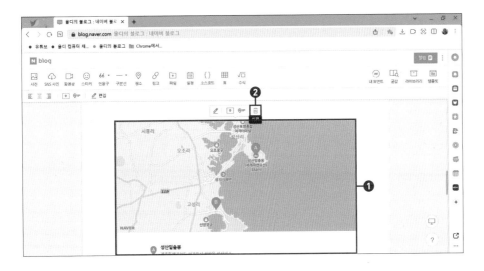

4 | 저작권을 지켜서 내 권리 보호하기

저작권을 통해 내 블로그에 포스팅한 글에 대한 권리를 보호받고 나의 노력과 가치를 인정받을 수 있습니다. 그리고 저작자로서의 권리를 보호받기 위해 글을 작성할 때 타인의 저작권을 침해하지 않도록 주의해야 합니다. 이번에는 창작자의 기본이 되는 지식 저작권에 대해 자세히 알아볼게요.

✔ 저작권이란?

저작권이란, 창작물을 만든 사람이 자신이 만든 창작물, 즉 저작물에 대해 가지는 법적 권리를 말합니다. 저자권을 통해 창작물을 만든 사람의 노력과 가치를 인정하고 만든 사람, 즉 저작자의 권리를 보호할 수 있어요.

1 저작권의 대상이 되는 저작물

소설, 시, 논문, 강연, 각본, 음악, 연극, 무용, 회화, 서예, 도안, 조각, 공예, 건축물, 사진, 영상, 도형, 컴퓨터 프로그램, 작곡, 영화, 춤, 그림, 지도 등이 저작권 대상에 포함됩니다. 즉 블로그에 포스팅된 글에 포함되어 있는 글, 사진, 동영상, 음악, 폰트 등 모든 것이 저작물에 포함됩니다.

2 크리에이티브 커먼즈 라이선스(CCL)

크리에이티브 커먼즈 라이선스(CCL; Creative Commons License)는 인터넷에 있는 저작물을 보호하기 위한 '창작물의 사용 권한 범위'입니다. 즉 창작자가 자신의 창작물에 대해 정해놓은 조건을 지키면 타인이 얼마든지 이용해도 좋다는 내용을 담은 저작권 면허입니다. 따라서 저작권의 내용을 담은 기호가 표시되어 있으면 이용자는 저작권에게 별도의 허락을 구하지 않고도 조건에 맞게 저작물을 이용할 수 있습니다. CCL은 '저작자 표시', '비영리', '변경 금지', '동일 조건 변경 허락' 등 네 가지 조건으로 구성됩니다.

기호	조건	기능
(i)	저작자 표시(BY; Attribution)	저작물을 사용할 때 반드시 원저작자를 표기해야 합니다.
(S)	비영리(NC; NonCommercial)	저작물을 영리 목적으로 사용할 수 없습니다.
(=)	변경 금지(ND; No Derivative Works)	저작물을 변경할 수 없습니다.
(O)	동일 조건 변경 허락(SA; Share−Alike)	2차 저작물을 만들 때 2차 저작물에도 원저작물과 같은 라이선스를 사용해야 합니다.

✔ 나의 창작물을 지키자

'불펌'이라는 말을 들어본 적 있나요? 불펌은 '불법'과 '퍼옴'의 합성어로, 인터넷에서 불법으로 다른 사람의 게시물을 그대로 가져오거나 가져가는 행위를 의미합니다. 시간과 노력을 들여 열심히 작성한 글을 누군가가 나의 허가도 없이 불법으로 가져가거나 똑같이 배포한다면 정말 화가 나고 속상하겠죠? 그래서 이번에는 내 블로그에 포스팅한 글의 불펌을 막고 바르게 공유할 수 있도록 '콘텐츠 공유 설정'을 해 보겠습니다.

1 CCL 설정하기

작성한 글의 아래쪽에 크리에이티브 커먼즈 라이선스(CCL)를 설정해 볼게요.

무작정 따라하기 | 저작권과 CCL 표시하기

실습예제 | 내 블로그의 [관리] 페이지에서 실습하세요.

1 내 블로그의 홈 화면에서 프로필 영역에 있는 '관리'를 선택합니다.

2 [관리] 페이지가 열리면 '기본 설정'을 선택하고 '사생활 보호'의 '콘텐츠 공유 설정'을 선택한 후 'CCL 설정'을 '사용'으로 변경합니다. 기본적으로 '원저작자를 표시'하고, '저작물을 영리 목적으로 이용'하며, '저작물의 변경 또는 2차 저작'에 대한 기준으로 상세하게 설정해야 합니다.

1 저작물을 영리 목적으로 이용: '영리 목적'이란, 재산상의 이익을 추구하는 것으로, 저작물을 복제 및 배포, 전송, 전시, 공연 및 방송하는 것은 허락합니다. 하지만 저작자로부터 별도의 승낙 없이 영리 목적으로 사용되는 것을 원하지 않는다면 '허락하지 않음'으로 설정합니다.

2 저작물의 변경 또는 2차 저작: '2차 저작'이란, 원저작물을 이용해 다른 저작물을 만드는 것으로, 다른 사람이 나의 저작물을 개작이나 변경하는 것을 원하지 않는다면 '허락하지 않음'으로 설정합니다.

3 여기에서는 '저작물을 영리 목적으로 이용'과 '저작물의 변경 또는 2차 저작'을 모두 '허락하지 않음'으로 설정하고 [확인]을 클릭합니다.

④ 콘텐츠 보호 설정이 성공적으로 저장되었다는 메시지 창이 열리면 [확인]을 클릭합니다.

⑤ 내 블로그의 홈 화면으로 이동한 후 CCL을 설정하려는 글 제목의 오른쪽에 있는 '더보기'(⋮)를 클릭하고 [수정하기]를 선택합니다. 스마트에디터 ONE의 편집 창이 열리면 [발행]을 클릭하고 '발행 설정'의 'CCL표시'에 체크 표시한 후 [발행]을 클릭합니다.

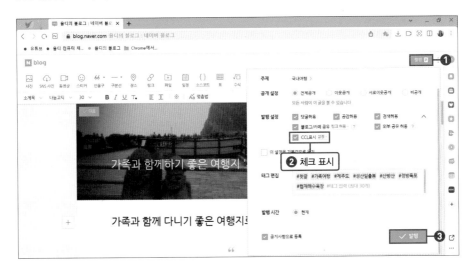

⑥ 글의 아래쪽에 CCL이 표시되었는지 확인합니다.

❷ 자동 출처 사용 설정하기

내 본문 글을 복사해서 붙여넣은 글이 11자(21byte) 이상이면 붙여넣은 글의 아래쪽에 내 글의 출처 정보가 자동으로 표시됩니다. 단 복사하는 사람이 임의로 출처를 삭제할 수 있습니다.

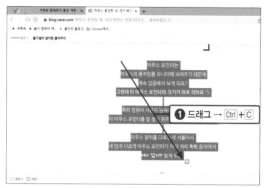 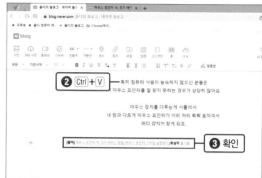

▲ 내용을 복사한 후 붙여넣었을 때 글 아래쪽에 자동으로 출처 정보가 표시된 경우

내 블로그의 홈 화면에서 프로필 영역에 있는 '관리'를 선택해 [관리] 페이지를 열고 '기본 설정'에서 '사생활 보호'의 '콘텐츠 공유 설정'을 선택합니다. '자동출처 사용 설정'을 '사용' 으로 변경하고 [확인]을 클릭하면 자동 출처 사용을 설정할 수 있습니다.

3 마우스 오른쪽 버튼 금지 설정하기

내 블로그의 글을 무단으로 복사할 수 없도록 드래그와 마우스 오른쪽 버튼 클릭을 막을
수 있습니다.

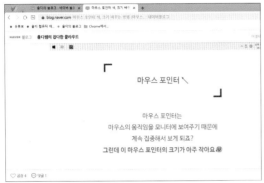
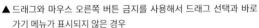

▲ 드래그와 마우스 오른쪽 버튼 금지를 사용해서 드래그 선택과 바로
가기 메뉴가 표시되지 않은 경우

▲ 마우스 오른쪽 버튼 금지를 사용하지 않아서 드래그 선택과 바로 가
기 메뉴가 표시된 경우

[관리] 페이지의 '기본 설정'에서 '콘텐츠 공유 설정'을 선택하고 '마우스 오른쪽 버튼 금지
설정'을 [사용]으로 변경한 후 [확인]을 클릭합니다.

4 CCL 위젯 추가하기

내 블로그의 홈 화면에 CCL 위젯을 표시할 수 있습니다.

실습예제 | **171쪽 실습을 계속 이어서 따라 해 보세요.**

1 내 블로그의 홈 화면에서 프로필 영역에 있는 '관리'를 선택합니다. [관리] 페이지가 열리면 '꾸미기 설정'에서 '디자인 설정'의 '레이아웃·위젯 설정'을 선택합니다.

2 화면의 오른쪽에 표시된 '위젯 사용 설정'에서 'CCL'에 체크 표시해 사이드바에 CCL 위젯을 추가하고 [적용]을 클릭합니다.

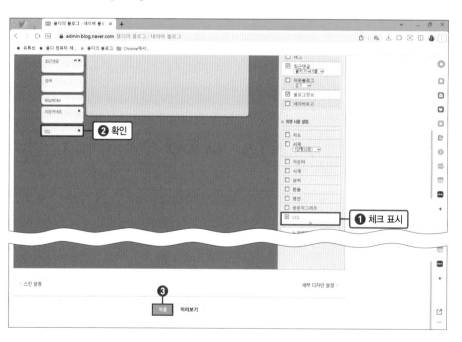

Tip | 레이아웃과 위젯 설정에 대해서는 75~77쪽을 참고하세요.

❸ 레이아웃을 블로그에 적용하겠는지 묻는 메시지 창이 열리면 [확인]을 클릭합니다.

❹ 블로그의 홈 화면에 CCL 위젯이 추가되었는지 확인합니다.

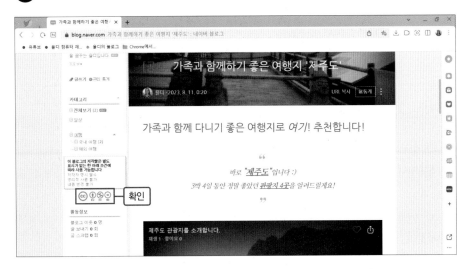

5 '공유' 설정하기

글을 발행할 때 '발행 설정'에서 블로그와 카페뿐만 아니라 외부와 공유할지의 여부를 설정할 수 있습니다.

블로그와 카페 공유는 링크나 본문 형식으로, 밴드와 카카오톡, 메일과 같은 외부 공유의 경우에는 링크 형식으로 글을 공유할 수 있습니다.

▲ 블로그/카페에서 '링크' 형식으로 글 공유하기

▲ 블로그/카페에서 '본문' 형식으로 글 공유하기

▲ 카카오톡에서 '링크' 형식으로 글 공유하기

✔ 타인의 저작권도 지켜주자

내 창작물의 권리를 지키는 것처럼 타인 창작물의 권리도 당연히 지켜주어야 합니다. 이번에는 글을 포스팅하면서 놓치기 쉬운 '반드시 지켜야 할 저작권 상식'에 대해 알아보겠습니다.

1 네이버 이미지에서 검색한 사진을 블로그 글에 관련 사진으로 첨부해도 될까요?

아니요. 내 블로그에 사용해도 되는지 반드시 확인해야 합니다. 네이버 이미지에서 '제주도'를 검색하면 정말 많은 사진이 나오는데, 그중에서 마음에 드는 사진을 선택해 보면 CCL이 표시되어 있어요. 이런 사진의 경우에는 저작자를 표시해야 하고, 저작물을 영리 목적으로 사용할 수 없으며, 임의로 수정할 수도 없습니다. 이 부분을 확인하지 않고 사진을 사용한다면 '불펌', 즉 저작권을 위반하는 것입니다. 따라서 인터넷 자료를 사용할 때는 항상 CCL을 확인하고 그것에 맞게 저작물을 이용해야 합니다.

출처를 표시하지 않고 사용할 수 있는 이미지가 있나요?

CC0는 'Creative Commons Zero'의 약자로, 조건 없이 무료로 사용할 수 있다는 의미입니다. 따라서 CC0 이미지는 출처 표시 없이 마음껏 사용할 수 있습니다. 예를 들어 픽사베이 사이트(https://pixabay.com)에서 CC0 이미지를 쉽게 찾을 수 있어요.

▲ 무료 이미지를 제공하는 픽사베이 사이트

② 내가 촬영한 사진이나 동영상은 저작권과 상관없겠죠?

아니요. 여러분이 직접 촬영한 사진과 동영상도 잘 확인해야 합니다. 혹시 다른 사람의 얼굴이 보이지 않나요? 본인이 찍은 사진이나 동영상이어도 다른 사람의 얼굴이 들어가 있다면 '초상권 침해에 따른 손해 배상 책임'이 문제가 될 수 있습니다. 이 경우에는 다른 사람의 얼굴에 모자이크 처리를 해서 식별할 수 없도록 해야 합니다.

Tip | 얼굴을 모자이크로 처리하는 방법은 147쪽을 참고하세요.

❸ 다른 사람이 포스팅한 글을 참고해도 될까요?

아니요. 인터넷에 쓴 글도 창작성이 인정되는 저작물이므로 주의해야 합니다. '스크랩' 기능을 이용해서 글을 옮기는 것은 저작자가 스크랩을 허용한 행위여서 문제가 되지 않아요. 하지만 저작자의 허락 없이 무단으로 내용을 베끼는 행위는 저작권법에 위반된다는 것을 명심하세요.

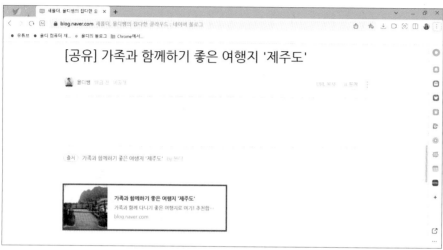

▲ 저작자가 스크랩을 허용해서 다른 사람의 글을 포스팅한 경우

무작정 따라하기 | **내 블로그에 다른 사람의 블로그 포스팅 공유하기**

실습예제 | 공유하고 싶은 다른 사람의 블로그를 열고 실습해 보세요.

❶ 내 블로그에 스크랩하고 싶은 블로그 글이 있으면 글 아래쪽에 있는 🔲을 클릭합니다.

② [blog 공유하기] 창이 열리면 스크랩할 글에 덧붙일 글을 작성하고 스크랩할 글을 게시할 게시판을 선택합니다. 공개 설정 범위와 댓글 공개 여부를 지정하고 [확인]을 클릭하세요.

③ 내 블로그로 공유되었으면 [내 블로그 확인]을 클릭합니다. 내 블로그를 열고 다른 사람의 블로그 글이 공유되었는지 확인합니다.

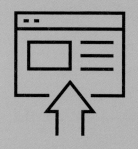

유용한 툴 이용해
더 스마트하게
포스팅하기

11 템플릿 이용해 더 쉽게 글쓰기

글쓰기 도우미인 스마트에디터 ONE을 이용하면 다양한 기능을 활용해서 글을 작성하는 데 도움이 됩니다. 하지만 내가 원하는 대로 편집하기 어렵다고 느낄 때가 종종 있어요. 글을 좀 더 가독성 있게 나열하면서 사진이나 동영상을 좀 더 보기 좋기 배치하고 싶은데 생각보다 쉽지 않죠? 네이버에서 제공하는 '템플릿' 기능을 활용하면 이런 고민을 한 번에 해결할 수 있어요.

1 │ 템플릿 적용하기

'Part 03. 내 블로그에 본격적으로 이야기 담기'에서는 글을 쓰고 사진, 동영상, 지도 등을 추가해서 포스팅하는 방법을 배웠습니다. 하지만 실제로 글을 쓰다 보면 생각보다 깔끔하고 예쁘게 작성하기가 어렵습니다. 이럴 때 '템플릿(template)'을 활용하면 아주 쉽게 전문가 못지않은 멋진 글을 포스팅할 수 있어요.

템플릿은 미리 작성한 다양한 예제 문서 중에서 하나의 예제 문서를 불러온 후 글자나 사진만 바꿔서 사용하거나, 내 취향에 맞게 재편집해 더욱 빠르고 쉽게 멋진 글을 작성할 수 있도록 도와주는 아주 편리한 기능입니다. 스마트에디터 ONE에서는 작성중인 블로그에 맞는 템플릿도 추천해 주므로 편하게 이용해 보세요.

▲ 추천 템플릿

▲ 부분 템플릿

실습예제 | 스마트에디터 ONE의 편집 창에서 실습하세요.

1 내 블로그의 홈 화면에서 프로필 영역에 있는 '글쓰기'를 클릭합니다.

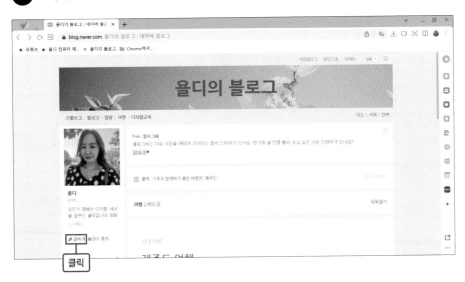

2 스마트에디터 ONE의 편집 창으로 바뀌면 글쓰기 영역에서 템플릿을 추가할 위치에 커서를 올려놓고 화면의 오른쪽에 표시된 사이드 패널에서 '템플릿'을 클릭합니다. [템플릿] 패널이 열리면 '추천 템플릿'에서 다양한 주제의 문서 예제를 선택할 수 있습니다.

Tip | 각 템플릿에 마우스 포인터를 올려놓으면 해당 템플릿의 디자인을 미리 확인할 수 있어요.

③ 템플릿 중 하나를 선택하면 글쓰기 영역에 바로 적용됩니다. 여기에서는 '여행 제주도 자유여행' 템플릿을 선택하고 [닫기] 버튼(⊠)을 클릭해 [템플릿] 패널을 닫으세요.

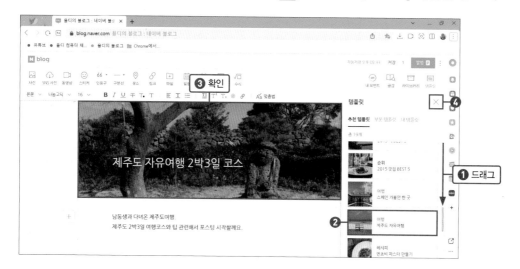

2 | 템플릿 수정하기

템플릿은 문서의 예시일 뿐이므로 여러분의 글이 되도록 내용을 변경할 수 있습니다.

▲ 템플릿 예시

▲ 수정한 템플릿

1 스마트에디터 ONE의 편집 창을 열고 글쓰기 화면에서 변경할 텍스트의 뒤에 커서를 올려놓은 후 Backspace를 눌러 삭제하고 새로운 텍스트를 입력합니다. 여기에서는 'DAY 1'의 '제주도 전시 투어'를 '제주도 여행 첫 날'로 수정했어요.

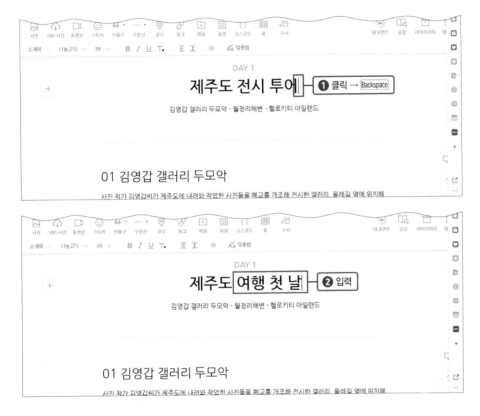

2 이번에는 템플릿의 사진을 선택하고 콘텍스트 메뉴에서 '삭제'(🗑)를 클릭해 삭제합니다.

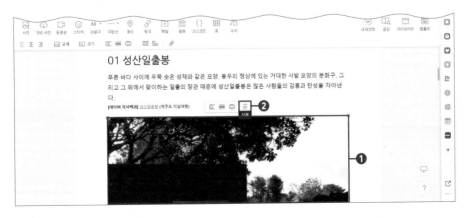

❸ 만약 템플릿 사진을 삭제하지 않고 변경하려면 사진을 선택하고 속성 도구 막대에서 '교체' 도구(⊡ 교체)를 클릭합니다.

❹ [열기] 대화상자가 열리면 변경하려는 사진 파일을 선택하고 [열기]를 클릭합니다. 여기에서는 부록 파일에서 제공하는 '제주도여행' 폴더의 '성산일출봉1.jpg'를 선택했어요.

❺ 템플릿의 사진이 변경되었으면 글을 모두 수정하고 [발행]을 클릭해 글을 등록합니다.

다른 템플릿으로 바꾸려면 작성중인 글은 발행하거나 삭제해야 하나요?

블로그에 글을 쓰다가 다른 템플릿을 선택하면 작성 중인 내용을 임시 저장하고 선택한 템플릿을 불러올 수 있습니다.

1. 블로그에 글을 작성하다가 [템플릿] 패널을 열고 다른 템플릿을 선택합니다.

2. 작성중인 내용을 임시 저장하고 선택한 문서를 불러오겠는지 묻는 메시지 창이 열리면 [확인]을 클릭하세요.

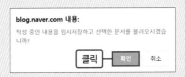

3. 현재 글쓰기 영역에 선택한 템플릿이 적용됩니다. [저장]의 오른쪽에 있는 숫자를 선택하면 이전 글이 임시 저장된 것을 확인할 수 있어요.

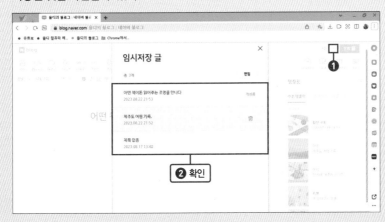

12 그림판에서 더 돋보이는 이미지 만들기

블로그에 글을 포스팅할 때 이미지를 많이 추가합니다. 원본 이미지를 그대로 사용하기도 하지만, 스마트에디터로 간단히 편집해서 첨부하기도 합니다. 하지만 스마트에디터에서 그림을 편집하면 조금 아쉬운 부분이 있죠? 이럴 때 그림판 프로그램을 이용해서 좀 더 쉽게 이미지를 꾸밀 수 있습니다.

1 | 그림판 실행하기

그림판은 윈도우(Windows)에서 기본으로 제공하는 그래픽 프로그램입니다. 그래서 별도로 그림판을 설치할 필요 없이 쉽고 간단하게 사용할 수 있어요.

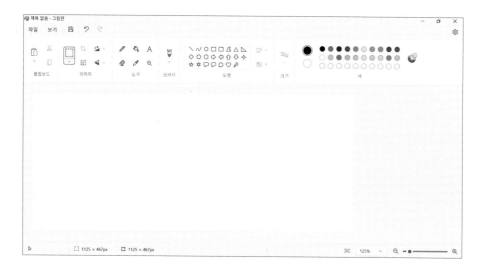

그림판으로 편집할 사진 파일에서 마우스 오른쪽 버튼을 클릭하고 바로 가기 메뉴에서 [연결 프로그램]–[그림판]을 선택합니다.

그러면 그림판 프로그램이 실행되면서 선택한 그림 파일이 열립니다.

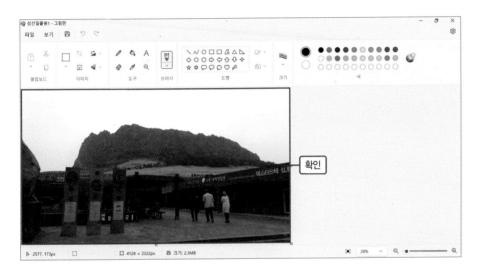

2 | 그림판으로 사진 편집하기

그림판 프로그램에서 사진 용량을 줄이고 도형과 텍스트를 추가해 볼게요.

✔ 사진 크기와 용량 줄이기

블로그에 글을 포스팅할 때 사진은 최대 50장, 최대 100MB까지 첨부할 수 있습니다. 카메라나 스마트폰으로 사진을 촬영할 때 설정 환경에 따라 해상도가 높을 경우에는 사진 파일의 용량이 커집니다. 그러면 사진을 원하는 만큼 첨부할 수 없겠죠? 이때 사진의 크기를 줄여서 사진 파일의 용량을 줄일 수 있습니다.

실습예제 | 그림판에서 실습하세요.

①   사진 파일에서 마우스 오른쪽 버튼을 클릭하고 바로 가기 메뉴에서 [연결 프로그램]–[그림판]을 선택합니다. 그림판에서 사진 파일이 열리면 화면의 아래쪽에서 현재 사진의 크기와 파일 크기를 확인할 수 있습니다. 사진 크기가 커서 파일 크기도 크네요. 여기에서는 부록 파일에서 제공하는 '제주도여행' 폴더의 '성산일출봉1.jpg'를 선택했어요.

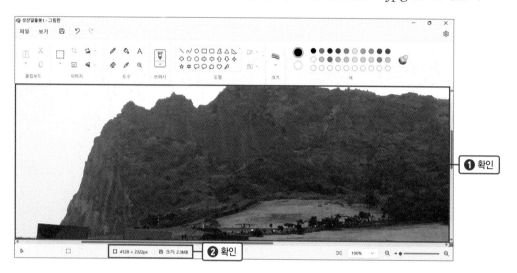

②   '창에 맞추기'(⚬)를 클릭해 사진을 그림판 창의 크기에 맞춰 조정합니다. 크기가 조정된 전체 사진을 확인하고 '이미지'에서 '크기 조정 및 기울이기'(⚬)를 클릭하세요.

❸ [크기 조정 및 기울이기] 창이 열리면 사진의 크기를 백분율이나 픽셀 단위로 조정할 수 있습니다. 여기에서는 '크기 조정'에서 '픽셀'을 선택하고 '가로' 크기를 '2000'으로 입력한 후 [확인]을 클릭하세요.

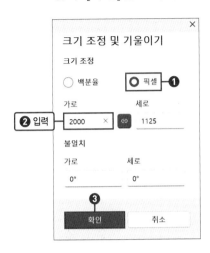

Tip | 📎를 클릭하면 '가로 세로 비율 유지' 상태(⬛)로 변경됩니다. 이 상태에서 가로 크기를 지정하면 세로의 크기도 자동으로 조정됩니다.

❹ 사진이 설정한 크기로 변경되었는지 확인합니다.

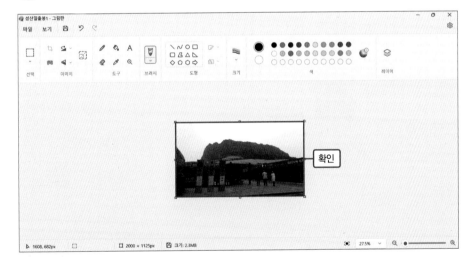

⑤ 편집한 사진을 저장하기 위해 [파일]-[다른 이름으로 저장]-[PNG 그림]을 선택합니다.

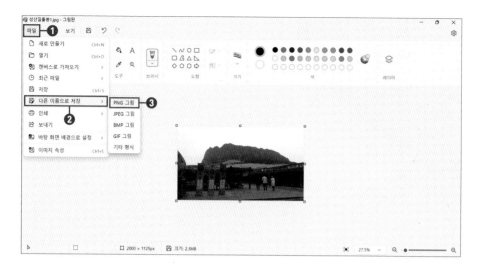

⑥ [다른 이름으로 저장] 대화상자가 열리면 저장 위치를 '바탕 화면'으로 지정하고 파일 이름을 입력한 후 [저장]을 클릭합니다.

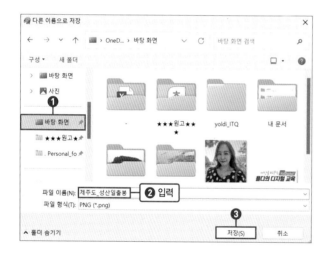

Tip │ 저장 위치와 파일 이름은 원하는 위치와 이름으로 지정해도 됩니다.

7 바탕 화면에서 저장한 사진 파일을 확인합니다.

확인

✔ 사진에 도형 추가해 강조하기

사진에서 원하는 부분을 더욱 강조하기 위해 도형을 추가할 수 있습니다.

무작정 따라하기 │ **사진에 화살표 도형 추가하기**

실습예제 │ 그림판에서 실습하세요.

1 그림판 프로그램에서 사진 파일을 열고 '창에 맞추기'(⬚)를 클릭해 사진을 그림판 창의 크기에 맞게 조절한 후 '도형'에서 '왼쪽 화살표'(⇦)를 클릭합니다. 여기에서는 부록 파일에서 제공하는 '제주도여행' 폴더의 '제주도.jpg'를 선택했어요.

1 사진 파일 열기

② 드래그해서 사진 위에 화살표 도형을 삽입하고 적당한 위치로 이동합니다. 여기에서는 성산일출봉을 가리킬 것이므로 산의 왼쪽에 위치하도록 드래그하세요.

③ 화살표 도형을 선택한 상태에서 '크기'(📑)를 클릭하고 테두리의 굵기를 선택합니다.

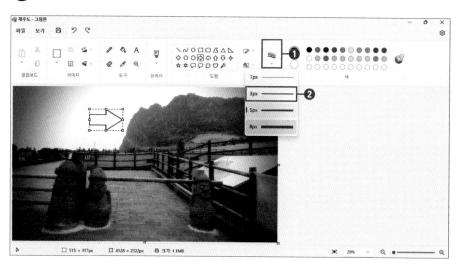

4 '도형'의 '도형 채우기'(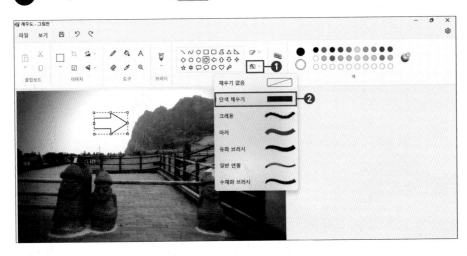)를 클릭하고 [단색 채우기]를 선택합니다.

5 '색 1'을 클릭하고 색을 선택해 테두리 색을, '색 2'를 클릭하고 색을 선택해 채우기 색을 지정합니다.

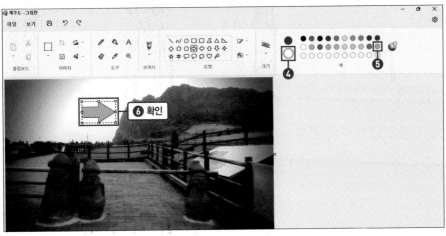

6 화살표 도형 위에 마우스 포인터를 올려놓고 ✛ 모양으로 바뀌면 원하는 위치로 드래그해 이동합니다.

7 화살표 도형의 모서리 조절점에 마우스 포인터를 올려놓고 ⤢ 모양으로 바뀌면 드래그해 크기를 조절합니다.

✔ 텍스트 추가하기

사진에 글자를 입력하고 글자 색과 배경색을 지정할 수 있습니다.

실습예제 | 196쪽의 실습을 계속 이어서 따라 해 보세요.

1 그림판의 '도구'에서 '텍스트'(A)를 클릭합니다.

2 텍스트와 관련된 도구 상자가 표시되면 글꼴과 크기, 정렬 방식을 지정하고 텍스트를 추가할 위치를 클릭합니다. 여기에서는 화살표의 왼쪽을 클릭해 텍스트 상자를 표시합니다.

Tip | 글꼴 크기는 숫자를 직접 입력해서 지정할 수 있습니다.

3 텍스트 '성산일출봉'을 입력합니다. 그러면 미리 지정한 글꼴과 크기, 정렬 방식으로
텍스트를 입력할 수 있어요.

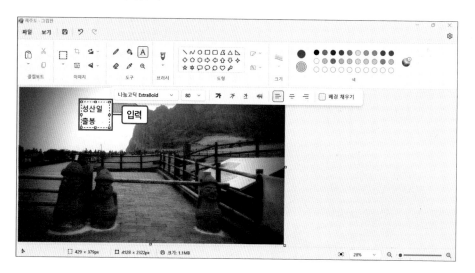

4 텍스트를 드래그해 모두 선택하고 '색 1'을 클릭한 후 색을 선택해 텍스트 색을 변경
합니다.

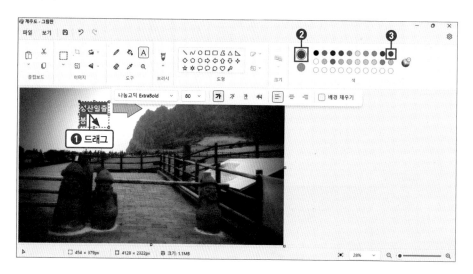

⑤ 텍스트 상자 모서리의 조절점을 드래그해 위치를 조절합니다.

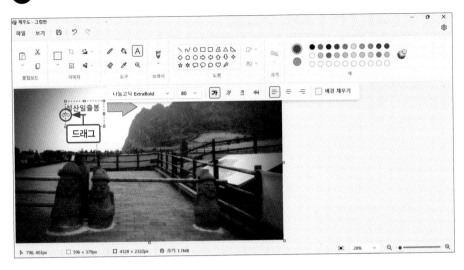

⑥ '배경 채우기'에 체크 표시하면 텍스트 상자에 배경색을 넣을 수 있습니다. '색 2'를 클릭하고 색을 선택해 텍스트 배경색을 변경하세요.

13 네이버 MYBOX로 똑똑하게 파일 관리하기

'Part 03. 내 블로그에 본격적으로 이야기 담기'에서는 사진이나 동영상을 활용해 멋진 글을 작성했죠? 이때 사용한 사진과 동영상 파일을 어디에 저장했나요? 일반적으로 내 휴대전화의 갤러리나 내 컴퓨터에 저장해 둘 거예요. 그렇다면 파일이 저장되어 있는 기기로 블로그를 작성하지 않는다면 파일을 추가할 수 없어서 불편합니다. 이때 클라우스 서비스를 이용해서 사진과 동영상 파일을 저장해 두면 컴퓨터든, 스마트폰이든 사용하는 기기에 상관없이 어디서든지 파일을 불러와서 멋진 글을 작성할 수 있어요.

1 네이버 MYBOX란?

네이버 MYBOX(마이박스)는 사진이나 파일 등의 데이터를 안전하게 보관하고 언제 어디서든지 쉽게 찾아 사용할 수 있는 클라우드 서비스로, 네이버에서 제공합니다. 네이버 MYBOX는 네이버의 모든 회원 가입자에게 기본 용량 30GB를 무료로 제공합니다. MYBOX에 사진, 문서, 동영상, 음악 등 다양한 자료를 저장하면 언제 어디에서나 즉시 파일을 확인하고 사용할 수 있어서 매우 편리합니다. 스마트폰으로 '네이버 MYBOX' 앱을 사용할 경우에는 '자동 올리기' 기능을 통해 스마트폰에 저장된 사진과 동영상을 알아서 실시간으로 MYBOX에 보관할 수 있습니다.

클라우드(Cloud)

파일을 저장할 때 작업한 컴퓨터 내부의 공간이 아니라 인터넷을 통해 중앙 컴퓨터에 저장할 수 있는데, 이 공간을 '클라우드(Cloud)'라고 합니다. 클라우드는 '구름'이라는 뜻으로, 언제 어디서든지 하늘을 바라보면 볼 수 있는 구름처럼 클라우드 서비스도 인터넷과 연결된 중앙 컴퓨터에 데이터를 저장한 후 인터넷에 접속만 하면 항상 데이터를 이용할 수 있는 기술입니다.

✔ 네이버 MYBOX에 접속하기

네이버 MYBOX 서비스를 이용하기 위해 MYBOX에 접속하는 방법을 알아볼게요.

무작정 따라하기 **MYBOX 화면 열기**

실습예제 | 네이버의 홈 화면에서 실습하세요.

1 네이버에 로그인한 후 네이버의 홈 화면에서 검색 상자의 아래쪽에 있는 '더보기'(⋯) 를 클릭합니다.

2 전체 서비스 목록이 표시되면 'MYBOX'를 클릭합니다.

❸ MYBOX 화면으로 이동합니다.

✔ 아이디 이전하기

MYBOX 화면으로 이동하기 위해 201쪽의 **❷** 과정과 같이 'MYBOX'를 클릭했을 때 '네이버 MYBOX는 본인인증이 완료된 아이디 중 하나의 아이디에서만 이용할 수 있습니다.'라는 메시지 창이 열리는 경우가 있습니다. 이때는 현재 로그인한 아이디로 MYBOX 서비스를 이용할 수 있도록 아이디를 이전해야 합니다.

아이디 이전해 네이버 MYBOX 서비스 이용하기

실습예제 | 네이버의 로그인 화면에서 실습하세요.

1 네이버에서 MYBOX 서비스를 이용하고 있는 아이디로 로그인합니다.

> **Tip** | 네이버에 회원 가입한 모든 아이디를 확인하려면 28쪽의 '무작정 따라하기. 사용하지 않는 네이버 아이디 정리하기'를 참고하세요.

2 네이버의 홈 화면에서 검색 상자의 아래쪽에 있는 '더보기'(⋯)를 클릭하고 'MYBOX'를 클릭합니다.

③ MYBOX 화면이 열리면 왼쪽 메뉴에서 '환경설정'을 선택합니다.

④ [네이버MYBOX 환경설정] 페이지가 열리면 '아이디 이전'을 선택합니다. '이전할 네이버 아이디'에서 아이디를 선택하고 [이전]을 클릭하세요.

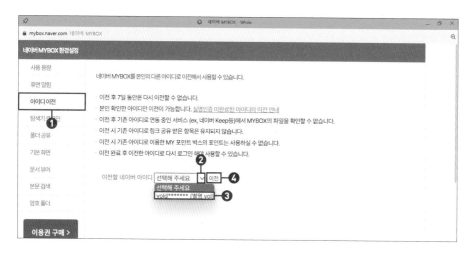

⑤ 아이디를 정말 이전하겠는지 묻는 메시지 창이 열리면 이전할 아이디를 다시 한번 확인하고 [확인]을 클릭합니다. 아이디 이전에 따라 최대 10분 정도 서비스 이용이 제한될 수 있습니다. 이제 이전한 아이디로 로그인하면 네이버 MYBOX 서비스를 이용할 수 있어요.

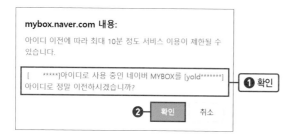

아이디 이전이 제한되어 이전할 수 없어요!

아이디를 이전하는 과정에서 다음과 같이 아이디 이전이 제한된다는 화면이 나타날 수도 있습니다.

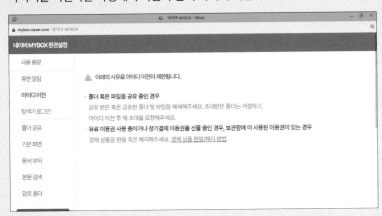

이처럼 아이디가 이전되지 않으면 다음의 사항을 하나씩 확인해 보세요.

❶ MYBOX를 사용 중인 아이디에 로그인한 상태에서 이전해야 합니다.

예 A 아이디에서 B 아이디로 이전할 경우 A 아이디로 로그인해 주세요.

❷ 동일 명의의 실명 인증된 아이디에만 이전할 수 있습니다.

❸ 이전하려는 아이디에 이미 MYBOX가 개설되어 있으면 이전할 수 없습니다.

예 A 아이디에서 B 아이디로 이전할 경우 B 아이디에 네이버 MYBOX가 개설되어 있으면 이전이 안 됩니다.

❹ 안전하게 이용하기 위해 MYBOX 아이디를 이전한 후 7일 동안은 다른 아이디로 다시 이전할 수 없습니다.

❺ 네이버 메일 서비스로 용량을 분배 중이면 이전할 수 없습니다. 메일로 분배한 용량을 회수한 후 이전해 주세요.

❻ 유료 이용권(용량)을 사용 중이거나 정기 결제 이용권을 선물 중인 경우에는 아이디를 이전할 수 없습니다. 사용하고 있는 이용권을 환불한 후 이전해 주세요.

❼ 파일/폴더를 공유 중이거나 공유받은 경우 아이디를 이전할 수 없습니다. 따라서 파일/폴더의 정보 공유를 해제한 후 이전해 주세요.

❽ 전송 중인 파일이 있으면 아이디를 이전할 수 없습니다. 전송 중인 파일을 찾아 삭제한 후 이전해 주세요.

❾ 가족 스토리지를 사용 중인 경우 아이디를 이전할 수 없습니다. 가족 스토리지에서 '멤버 내보내기'나 '그룹에서 나가기'를 한 후 이전해 주세요.

❿ 아이디가 이용 정지된 상태이면 이용 제한을 해제해야 아이디를 이전할 수 있습니다.

2 | MYBOX 사용법

MYBOX 서비스는 컴퓨터뿐만 아니라 스마트폰에서도 이용할 수 있습니다.

✔ 컴퓨터에서 MYBOX 이용하기

컴퓨터에 저장된 사진과 동영상 파일을 MYBOX에 올리고 내려받아 볼게요.

1 MYBOX에 파일 올리기

MYBOX에 원하는 파일을 올려보겠습니다.

무작정 따라하기 | MYBOX에 여러 파일 올리기

실습예제 | MYBOX 화면에서 실습하세요.

1 네이버에 로그인한 후 MYBOX에 접속해서 [올리기]를 클릭하고 [파일 올리기]를 선택합니다.

> **Tip** | MYBOX 화면에 접속하는 방법은 201쪽을 참고하세요. 그리고 폴더에 있는 모든 파일을 올리려면 [폴더 올리기]를 선택합니다.

2 [열기] 대화상자가 열리면 Ctrl 을 누른 상태에서 MYBOX에 올릴 파일들을 차례대로 선택하고 [열기]를 클릭합니다. 여기에서는 부록 파일에서 제공하는 '제주도여행' 폴더의 '성산일출봉1.jpg'과 '성산일출봉2.jpg', '제주도여행_동영상.mp4'를 차례대로 선택했어요.

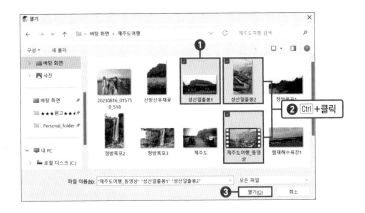

> **Tip** | Ctrl 을 누른 상태에서 파일을 차례대로 선택하면 여러 파일을 한꺼번에 선택할 수 있습니다.

3 MYBOX에 모든 파일이 올라가면 [완료]를 클릭합니다.

④ MYBOX에 파일이 저장되었는지 확인합니다.

2 MYBOX에 있는 파일 내려받기

MYBOX에 있는 파일을 내려받아 내 컴퓨터에 저장해 보겠습니다.

무작정 따라하기　　**MYBOX에 있는 파일 내려받기**

실습예제 | 앞의 실습을 계속 이어서 따라 해 보세요.

① MYBOX 화면에서 컴퓨터에 저장할 파일에 체크 표시해서 선택하고 [내려받기]를 클릭합니다.

2 [파일 다운로드] 창이 열리면 내려받으려는 파일이 맞는지 확인하고 [다른 이름으로 저장]을 클릭합니다.

3 [다른 이름으로 저장] 대화상자가 열리면 파일을 쉽게 찾을 수 있도록 저장 위치를 '바탕 화면'으로 선택하고 [저장]을 클릭합니다.

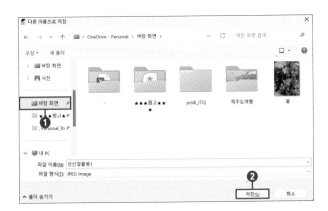

4 바탕 화면에 선택한 파일이 저장되었는지 확인합니다.

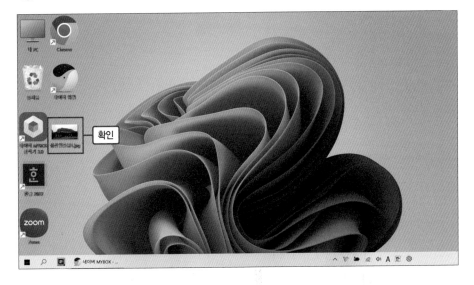

MYBOX의 여러 파일을 한꺼번에 컴퓨터에 저장하고 싶어요!

MYBOX에 있는 여러 파일을 하나로 압축한 후 내려받으면 한 번에 내 컴퓨터에 저장할 수 있습니다.

실습예제 | MYBOX 화면에서 실습하세요.

1. MYBOX 화면에서 내려받으려는 여러 파일에 체크 표시해서 선택하고 ⋯를 클릭한 후 [압축하기]를 선택합니다.

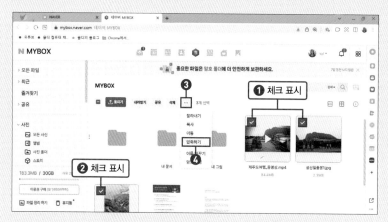

2. '압축 파일.zip' 파일이 나타나면 체크 표시하고 [내려받기]를 클릭합니다.

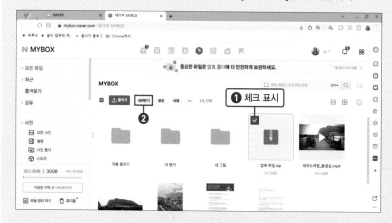

3. [파일 다운로드] 창이 열리면 내려받으려는 파일이 맞는지 확인하고 [다른 이름으로 저장]을 클릭합니다.

4. [다른 이름으로 저장] 대화상자가 열리면 파일을 쉽게 찾을 수 있도록 저장 위치를 '바탕 화면'으로 선택하고 [저장]을 클릭합니다.

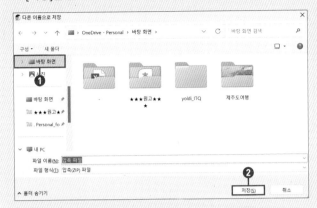

5. 바탕 화면에 압축 파일이 저장되었으면 압축 파일에서 마우스 오른쪽 버튼을 클릭하고 [압축 풀기]를 선택하세요.

6. [압축(Zip) 폴더 풀기] 창이 열리면 [찾아보기]를 클릭해 압축을 풀 폴더를 지정하고 [압축 풀기]를 클릭합니다. 여기에서는 바탕 화면의 '압축 파일' 폴더에 압축을 푸세요.

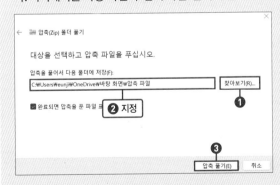

7. 압축을 푼 '압축 파일' 폴더를 더블클릭하면 MYBOX에서 내려받은 파일을 모두 확인할 수 있습니다.

✔ 스마트폰의 '네이버 MYBOX' 앱에서 MYBOX 이용하기

스마트폰에 저장된 사진과 동영상 파일을 MYBOX에 올리고 내려받아 볼게요.

1 '네이버 MYBOX' 앱 설치하기

스마트폰의 운영체제에 따라 앱을 설치하는 방법이 다릅니다. iOS 운영체제인 아이폰을
제외한 스마트폰은 대부분 안드로이드 운영체제입니다. 삼성의 갤럭시 스마트폰도 안드
로이드 운영체제를 사용합니다. 운영체제에 맞게 다음의 QR 코드를 이용해 앱을 설치하
세요.

▲ 안드로이드   ▲ iOS

2 '네이버 MYBOX' 앱 실행하기

'네이버 MYBOX' 앱을 실행한 후 MYBOX에 저장된 파일을 확인해 보겠습니다.

'네이버 MYBOX' 앱에서 MYBOX에 저장된 파일 확인하기

실습예제 | 스마트폰의 '네이버 MYBOX' 앱에서 실습하세요.

❶　스마트폰에 '네이버 MYBOX' 앱을 터치해 실행합니다. 여기에서는 안드로이드 운영체제 기기에 설치한 '네이버 MYBOX' 앱을 기준으로 실습해 볼게요.

❷　앱을 사용하기 위한 알림과 액세스를 허용합니다. MYBOX 서비스를 이용할 수 있는 아이디를 확인한 후 [확인]을 터치하세요.

③ 등록된 네이버 아이디가 있으면 해당 아이디를, 새로운 아이디를 등록해야 하면 [아이디 추가하기]를 터치합니다. 아이디와 비밀번호를 입력하고 [로그인]을 터치하세요.

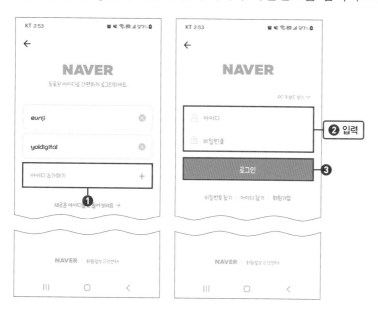

④ 자동 올리기 기능을 사용하지 않는 상태로 설정하기 위해 '자동 올리기 사용'을 '끔'으로 변경하고 [확인]을 터치합니다. 올리는 파일의 크기를 설정하고 [확인]을 터치하세요. 기본적으로 사진 파일과 동영상 파일 모두 '최적 크기'로 설정되어 있습니다.

Tip | '자동 올리기 사용'을 켜서 자동 올리기 기능을 설정하면 스마트폰에 저장된 사진 파일을 자동으로 MYBOX에 업로드해서 저장할 수 있습니다.

5 알림 메시지 창이 열리면 [다시 보지 않기]를 터치해 닫습니다.

6 MYBOX에 저장된 파일을 확인할 수 있습니다. 현재 '사진' 파일만 보이지만, '파일'을 터치하면 모든 사진 파일과 동영상 파일, 문서 파일을 확인할 수 있어요.

내 컴퓨터에 있는 사진 파일을 MYBOX에 저장해 보겠습니다.

무작정 따라하기 **MYBOX에 파일 올리기**

실습예제 | 스마트폰의 '네이버 MYBOX' 앱에서 실습하세요.

1 스마트폰의 '네이버 MYBOX' 앱에서 +를 터치하고 내 컴퓨터에 저장된 사진 파일이 들어있는 [갤러리]를 터치하세요.

2 MYBOX에 올릴 사진 파일을 터치해서 체크 표시하고 [올리기]를 터치합니다. 사진 파일이 모두 전송되면 ✕ 버튼을 터치하세요.

3 MYBOX에 저장된 사진 파일을 확인합니다.

 사진 파일을 올렸는데 그 파일을 찾기 어려워요!

MYBOX에 사진 파일을 올리면 기본적으로 '촬영일 최신순'으로 파일이 정렬되어 이전에 촬영한 사진은 바로 보이지 않을 수 있어요. 이 경우에는 정렬 기준을 '올린 날짜 최신순'으로 변경하면 방금 올린 파일부터 보여서 쉽게 찾을 수 있습니다.

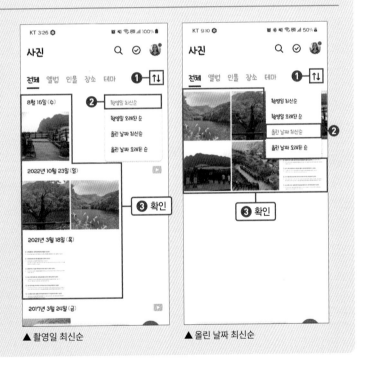

▲ 촬영일 최신순　　　　▲ 올린 날짜 최신순

4 MYBOX에서 사진 파일 내려받기

MYBOX에 저장된 사진 파일을 내 컴퓨터로 내려받을 수 있습니다.

실습예제 | 스마트폰의 '네이버 MYBOX' 앱에서 실습하세요.

❶ 스마트폰의 '네이버 MYBOX' 앱에서 '파일'을 터치합니다. 파일 목록이 표시되면 내려받을 사진 파일을 터치해 체크 표시해서 모두 선택하세요.

❷ [내려받기]를 터치하면 스마트폰 '갤러리'에 사진 파일이 저장됩니다.

갤러리에 MYBOX에서 내려받은 사진 파일이 없어요!

갤러리의 사진 파일도 MYBOX와 동일하게 '촬영일 최신순'으로 정렬되므로 이전에 촬영할 사진이라면 바로 보이지 않을 수 있어요. 이런 경우에는 [앨범]-[최근 항목]을 차례대로 터치해 보세요. 그러면 방금 내려받은 파일부터 보여서 쉽게 찾을 수 있습니다.

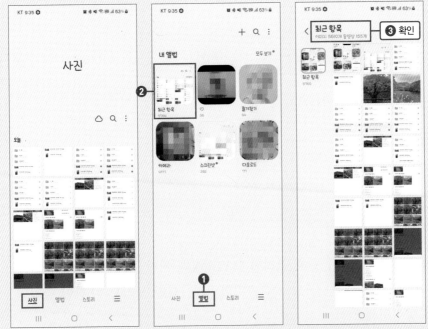

▲ 사진이 최신순으로 정렬되어 내려받은 파일이 안 보이는 경우

▲ 최신 항목부터 정렬되어 내려받은 파일이 모두 표시된 경우

3 | 블로그 글에 MYBOX 사진과 동영상 파일 첨부하기

휴대전화로 촬영한 사진과 동영상 파일을 블로그 글에 넣고 싶은데 휴대전화에 있는 파일을 컴퓨터로 옮기기가 번거롭고 복잡합니다. 이때 '네이버 MYBOX' 앱으로 휴대전화의 사진과 동영상 파일을 MYBOX에 올려두면 내 블로그를 작성할 때 아주 쉽게 추가할 수 있어요.

실습예제 | 스마트에디터 ONE의 편집 창에서 실습하세요.

❶ 내 블로그의 홈 화면에서 프로필 영역에 있는 '글쓰기'를 클릭합니다.

❷ 스마트에디터 ONE의 편집 창이 열리면 MYBOX에 저장된 사진 파일을 추가하기 위해 기본 도구 막대에서 'SNS 사진' 도구를 클릭합니다. [사진 불러오기] 창이 열리면 '네이버 MYBOX'를 클릭하세요.

❸ 네이버 MYBOX에 있는 사진 목록이 표시되면 글에 추가하려는 사진에 체크 표시하고 [첨부하기]를 클릭합니다.

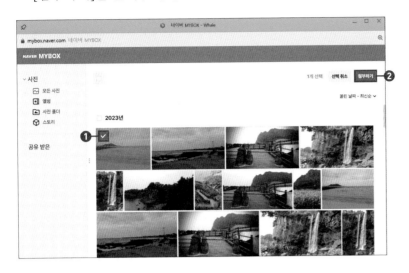

❹ 선택한 사진이 글에 추가되었는지 확인합니다.

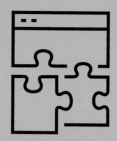

온라인 소통의 시작, 이웃 만들기

블로그에도 이웃이 있어요

블로그에도 '이웃사촌'처럼 서로의 안부를 묻고 관심을 쏟는 존재가 있어요. 바로 '이웃'과 '서로이웃'입니다. 그런데 '이웃'과 '서로이웃'은 어떤 차이가 있을까요? 왜 이렇게 구분해서 관계를 맺는지 궁금하죠? 이번에는 두 이웃의 차이를 알아보고 상황에 맞게 이웃을 맺어보겠습니다.

1 | 온라인 공간의 특별한 관계 – 이웃, 서로이웃

'이웃'과 '서로이웃'은 무엇이 다를까요? 정확히 알고 '이웃' 또는 '서로이웃'을 맺어봅시다.

✔ 이웃과 서로이웃의 정의

이웃과 서로이웃은 소식을 주고받는 방향이 크게 다릅니다.

1 이웃 ☺➡☺

이웃은 '즐겨찾기'나 '구독'과 비슷합니다. 블로그에 포스팅된 글이 좋다면 블로그에 자주 쉽게 방문할 수 있도록, 그리고 새로운 글이 포스팅될 때마다 바로 확인할 수 있도록 '이웃'으로 추가해 두면 '이웃새글'에서 소식을 확인할 수 있습니다.

2 서로이웃 ☺◀▶☺

서로이웃은 신청과 수락을 통해 '양방향'으로 맺어지는 관계여서 이웃보다는 좀 더 가깝습니다. 이웃 관계에 따라 포스팅 공개 범위를 설정할 수 있으므로 '서로이웃'이라면 더 많은 정보를 더 깊게 공유할 수 있습니다.

✔ 이웃 맺기

블로그에 글을 작성하면 이웃들과 공유할 수 있습니다.

이웃 추가하고 이웃 목록 확인하기

실습예제 | 이웃을 맺을 블로그의 홈 화면에서 실습하세요.

❶ 관심 있는 블로그의 홈 화면을 열고 프로필 영역의 아래쪽에 있는 [+ 이웃추가]를 클릭합니다. 여기서는 다양한 디지털 교육 정보를 제공하는 '욜디쌤' 블로그(https://blog.naver.com/yoldigital-2020)를 이웃으로 추가해 볼게요.

❷ [이웃추가] 창이 열리면 '이웃'과 '서로이웃'을 선택할 수 있는데, 기본적으로 '이웃'이 설정되어 있으므로 [다음]을 클릭합니다.

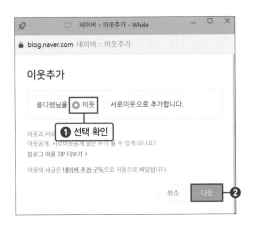

❸　이웃 그룹을 선택할 수 있는데, 그룹을 만들어서 이웃을 관리하면 훨씬 효율적이겠죠? 새로운 그룹을 만들기 위해 [+ 그룹추가]를 클릭합니다. '새 그룹' 입력 상자에 새로운 그룹명을 입력하고 공개 범위를 설정한 후 [다음]을 클릭하세요. 여기에서는 새로운 그룹명을 '디지털 교육'으로 지정했어요. 이웃으로 추가했다는 창이 열리면 [닫기]를 클릭합니다.

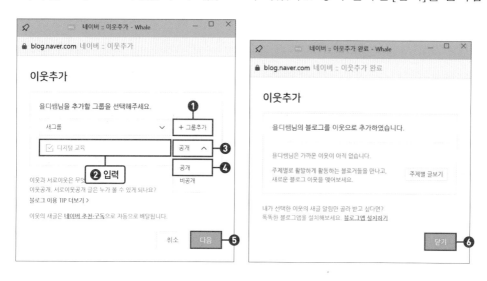

❹　내 블로그의 홈 화면을 열고 이웃커넥트 메뉴에서 추가한 이웃의 목록을 확인할 수 있습니다.

블로그의 홈 화면에 이웃 목록이 표시되지 않아요!

내 블로그의 [관리] 페이지에서 '레이아웃·위젯 설정' 화면을 열고 '이웃커넥트'에 체크 표시해야 홈 화면에서 이웃 목록을 확인할 수 있습니다.

실습예제 | 내 블로그의 홈 화면에서 실습하세요.

1. 내 블로그의 홈 화면에서 프로필 영역에 있는 '관리'를 선택합니다. [관리] 페이지가 열리면 '꾸미기 설정'을 선택하고 '디자인 설정'의 '레이아웃·위젯 설정'을 선택합니다.

2. '레이아웃·위젯 설정' 화면이 열리면 사이드바 영역에 표시할 메뉴로 '메뉴 사용 설정'의 '이웃커넥트'에 체크 표시하고 [적용]을 클릭합니다.

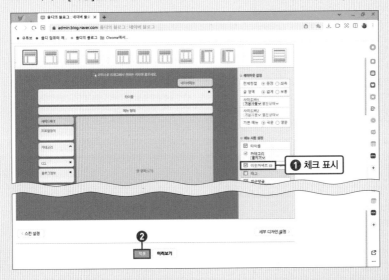

3. 레이아웃을 블로그에 적용하겠는지 묻는 메시지 창이 열리면 [확인]을 클릭해 '이웃커넥트' 메뉴를 설정합니다.

✔ 서로이웃 맺기

서로이웃은 이웃과 달리 '신청 후 수락'의 과정을 거쳐야 맺을 수 있습니다

무작정 따라하기 서로이웃 추가하기

실습예제 | 이웃을 맺을 블로그의 홈 화면에서 실습하세요.

1 관심 있는 블로그의 화면을 열고 프로필 영역의 아래쪽에 있는 [+ 이웃추가]를 클릭합니다.

2 [이웃추가] 창이 열리면 '서로이웃으로 신청합니다.'를 선택하고 [다음]을 클릭합니다.

❸ [서로이웃 신청] 창이 열리면 추가할 그룹을 선택하고 상대 블로거가 서로이웃을 수락할 수 있도록 서로이웃 신청 메시지를 입력한 후 [다음]을 클릭하세요.

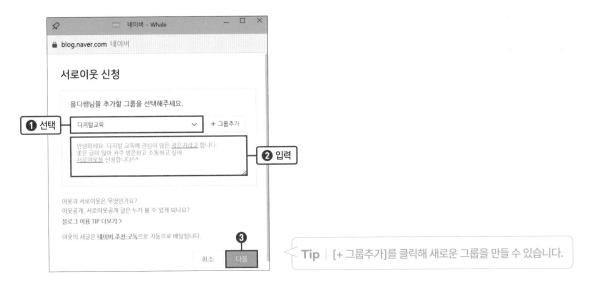

Tip | [+ 그룹추가]를 클릭해 새로운 그룹을 만들 수 있습니다.

❹ 서로이웃을 신청했다는 [서로이웃 신청] 창이 열리면 [닫기]를 클릭합니다.

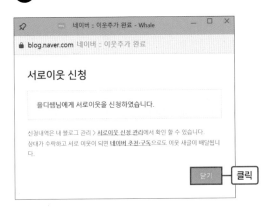

 서로 '이웃'으로 추가하면 자동으로 '서로이웃'으로 변경되나요?

아닙니다. '이웃'은 즐겨찾기 기능이므로 자유롭게 추가할 수 있지만 '서로이웃'은 반드시 상대방이 '서로이웃' 신청에 동의해야만 맺어질 수 있습니다. '이웃'으로 추가한 후에도 '서로이웃'을 신청해야 서로이웃을 맺을 수 있어요.

✔ 이웃을 서로이웃으로 변경하기

관심 있는 블로그를 '이웃'으로 추가한 후 '서로이웃'으로도 변경할 수 있습니다.

무작정 따라하기 이웃을 서로이웃으로 변경하기

실습예제 | 이웃을 맺은 블로그의 홈 화면에서 실습하세요.

1 이웃으로 추가한 '이웃' 블로그의 홈 화면에서 프로필 영역에 있는 [이웃]을 클릭합니다. 이웃으로 추가하면 [+ 이웃추가]가 아니라 [이웃]이 표시되어 있어요. [이웃 설정] 창이 열리면 [이웃을 서로이웃으로 변경합니다.]를 선택하고 [다음]을 클릭하세요.

2 [서로이웃 신청] 창이 열리면 추가할 그룹을 선택하고 상대 블로거가 서로이웃을 수락할 수 있도록 서로이웃 신청 메시지를 입력한 후 [다음]을 클릭하세요.

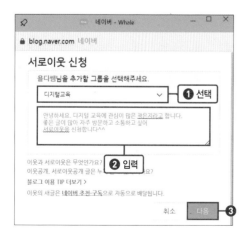

③ 서로이웃을 신청했다는 [서로이웃 신청] 창이 열리면 [닫기]를 클릭하세요.

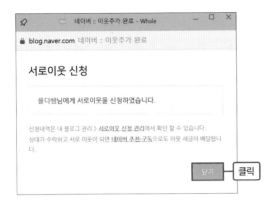

2 | 이웃과 서로이웃 관리하기

이웃과 서로이웃은 최대 5,000명까지 추가할 수 있습니다. 이웃과 서로이웃에 따라 글의
공개 범위를 설정할 수 있어서 블로그가 '이웃'인지, '서로이웃'인지를 잘 관리해야 합니다.

✔ 내가 추가한 이웃 관리하기

이웃 그룹을 변경하고 자주 방문하지 않는 이웃은 삭제해 볼게요.

무작정 따라하기 　이웃 그룹 변경하고 자주 방문하지 않는 이웃 삭제하기

실습예제 | 내 블로그의 홈 화면에서 실습하세요.

① 내 블로그의 홈 화면에서 프로필 영역에 있는 '관리'를 선택합니다.

❷ [관리] 페이지가 열리면 '기본 설정'의 '이웃 관리'에서 '내가 추가한 이웃'을 선택합니다.

❸ '내가 추가한 이웃' 화면의 [이웃목록] 탭에서 내가 추가한 이웃을 모두 확인할 수 있습니다. 그룹을 변경할 이웃에 체크 표시하고 [그룹이동]을 클릭한 후 이동할 그룹명을 선택하세요.

4 그룹명이 변경되었으면 자주 방문하지 않는 이웃을 삭제해 볼게요. 삭제할 이웃에 체크 표시하고 [삭제]를 클릭합니다.

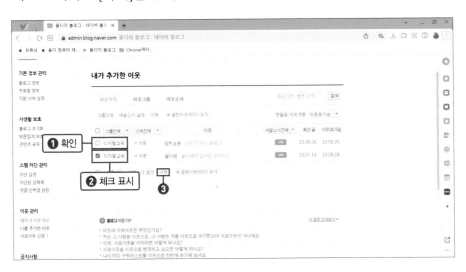

5 선택한 이웃이 '서로이웃'으로 맺어져 있으면 이웃과 서로이웃을 모두 삭제할 것인지, 서로이웃에서 이웃으로 변경할 것인지 선택할 수 있습니다. 여기에서는 '이웃과 서로이웃을 모두 삭제합니다.'를 선택하고 [확인]을 클릭하세요.

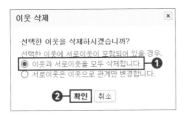

6 선택한 이웃이 이웃 목록에서 삭제되었는지 확인합니다.

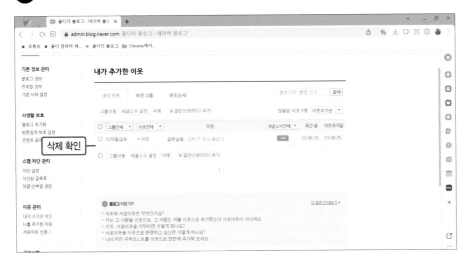

Q&A 이웃이나 서로이웃을 삭제하면 상대방이 바로 알게 되나요?

이웃이나 서로이웃 관계를 삭제해도 상대방에게 알람이 가지 않습니다. 다만 삭제한 관계에 따라 글 읽기 권한이 변경됩니다. 예를 들어 서로이웃 관계에서 볼 수 있었던 글은 더 이상 볼 수 없습니다.

✔ 나를 추가한 이웃 관리하기

내 블로그에 관심을 가지고 이웃 신청한 블로그 목록을 확인해서 이웃을 허용할지를 결정합니다. 하지만 이웃과 서로이웃을 신청한 스패머가 있으면 차단해서 내 블로그의 활동을 제한할 수 있어요.

미니사전 스패머(spamer)

스패머는 스팸을 보내는 사람, 즉 인터넷 포털뉴스나 SNS 등을 활용해서 무차별적으로 정보를 배포하는 사람을 뜻합니다.

무작정 따라하기 이웃 맺고 이웃 차단하기

실습예제 | 내 블로그의 홈 화면에서 실습하세요.

❶ 내 블로그의 홈 화면에서 프로필 영역에 있는 '관리'를 선택해 [관리] 페이지를 열고 '기본 설정'의 '이웃 관리'에서 '나를 추가한 이웃'을 선택합니다. 그러면 나를 이웃으로 추가한 블로그 목록을 확인할 수 있어요.

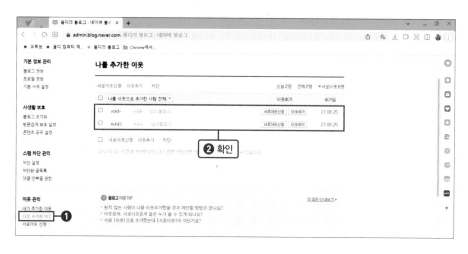

2 관심 있는 블로그는 이웃이나 서로이웃으로 신청하고 [다음]을 클릭해 이웃을 맺을 수 있어요.

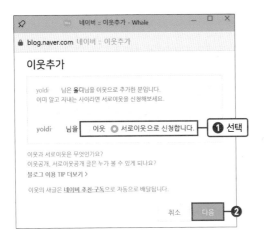

3 차단할 이웃에 체크 표시하고 [차단]을 클릭합니다.

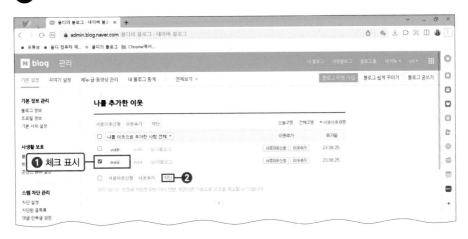

4 [블로그 차단] 창이 열리면 [확인]을 클릭합니다.

⑤ 차단 이웃을 확인하고 [확인]을 클릭합니다.

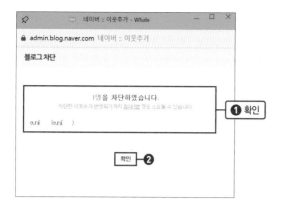

Tip │ 블로그 이웃을 차단하면 나를 추가한 이웃 목록에서 삭제되고 자동으로 스팸 차단 목록에 추가됩니다. 또한 차단된 상대방의 이웃 목록에서도 내 블로그가 삭제됩니다.

Q&A **실수로 이웃을 차단했는데 차단을 취소할 수 있나요?**

[관리] 페이지에서 '기본 설정'을 선택하고 '스팸 차단 관리'의 '차단 설정'을 선택하면 차단된 블로그 목록을 확인할 수 있습니다. 아이디의 오른쪽에 표시된 ⊠를 클릭하면 차단을 취소할 수 있어요.

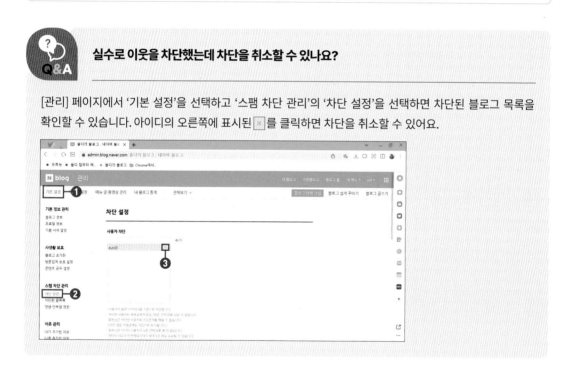

✔ 서로이웃 신청 관리하기

서로이웃을 신청했거나 서로이웃 신청을 받은 목록을 확인하고 수락 또는 거절할 수 있습니다.

실습예제 | 내 블로그의 홈 화면에서 실습하세요.

1 내 블로그의 홈 화면에서 프로필 영역에 있는 '관리'를 선택해 [관리] 페이지를 열고 '기본 설정'의 '이웃 관리'에서 '서로이웃 신청'을 선택합니다.

Tip | '서로이웃 신청'의 오른쪽에는 내가 서로이웃을 신청한 횟수가 표시됩니다.

2 '서로이웃 신청' 화면의 [받은신청] 탭에서 서로이웃 신청을 받은 목록을 확인하고 신청한 사람과 메시지를 확인한 후 [수락], [거절], [신고]를 선택해서 클릭합니다.

▲ 수락

▲ 거절

▲ 신고

③ [보낸신청] 탭에서 서로이웃 신청을 보낸 목록을 모두 확인할 수 있습니다. [신청취소]를 클릭해 서로이웃 신청을 취소할 수 있어요.

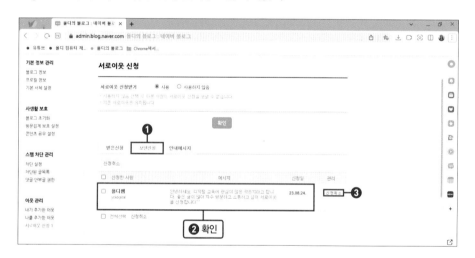

서로이웃 신청을 받고 싶지 않아요!

내 블로그의 [관리] 페이지에서 '기본 설정' → '이웃 관리'의 '서로이웃 신청'을 선택하고 '서로이웃 신청받기'에서 '사용하지 않음'을 선택한 후 [확인]을 클릭하세요. 그러면 더 이상 다른 사람이 서로이웃을 신청할 수 없어요.

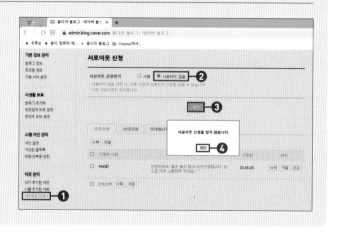

15 공감과 댓글로 관심 표현하기

관심 있는 블로그를 찾아 이웃 또는 서로이웃을 맺었다면 자주 방문하고 소통해야겠죠? 공감과 댓글은 블로그를 운영하는 데 큰 활력과 즐거움을 줍니다.

1 | 공감한다면 하트 ♥ 꾹!

공감은 글에 관심을 표현할 수 있는 가장 쉬운 소통 방법입니다.

무작정 따라하기 글에 공감 표현하기

실습예제 | 이웃을 맺은 블로그의 홈 화면에서 실습하세요.

1 이웃을 맺은 블로그의 홈 화면에서 관심 있는 글을 읽고 블로그 글의 아래쪽에 있는 [공감]의 하트(♡ 공감7 ∨)를 클릭합니다.

2 [공감]의 하트가 빨간색(♥)으로 바뀌면서 공감의 숫자도 +1 되어 표시됩니다.

239

❸ [공감]의 ⌄를 클릭하면 이 글에 공감한 블로그 목록을 확인할 수 있습니다.

> **Tip** │ 나와 같은 글에 '공감'했다면 관심사가 비슷한 블로그일 수도 있으므로 블로그명을 클릭해서 방문해 보세요. 흥미로운 글이 많다면 [+ 이웃추가]를 클릭해 이웃으로 추가해 보세요.

2 │ 좀 더 가까이! 댓글 남기기

[공감]을 클릭한 후에도 내 관심을 좀 더 표현하고 싶다면 댓글을 통해 나의 생각이나 느낀 점을 남길 수 있습니다.

무작정 따라하기   **댓글 입력하고 스티커 추가하기**

실습예제 │ 이웃을 맺은 블로그의 홈 화면에서 실습하거나 앞의 실습을 계속 이어서 실습하세요.

❶ 이웃을 맺은 블로그에서 관심 있는 글을 열고 아래쪽에 있는 [댓글]을 클릭합니다.

2 댓글 상자가 표시되면 입력 창에 글에 대한 생각이나 느낌을 입력합니다. 이때 총 3,000자까지 입력할 수 있어요.

3 댓글과 함께 '스티커'나 '사진'을 클릭해 귀여운 스티커나 멋진 사진을 추가할 수 있습니다. 여기에서는 '스티커'를 클릭해 귀여운 스티커를 입력하고 [등록]을 클릭해 댓글을 남기세요.

Tip │ 댓글에 사진을 추가해서 좀 더 정성스럽게 표현할 수 있어요.

❹ 댓글에서 '더 보기'(⋮)를 클릭하고 [수정]이나 [삭제]를 선택해 댓글을 수정 또는 삭제할 수 있습니다.

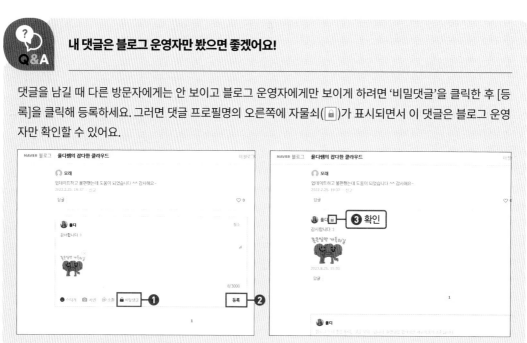

내 댓글은 블로그 운영자만 봤으면 좋겠어요!

댓글을 남길 때 다른 방문자에게는 안 보이고 블로그 운영자에게만 보이게 하려면 '비밀댓글'을 클릭한 후 [등록]을 클릭해 등록하세요. 그러면 댓글 프로필명의 오른쪽에 자물쇠(🔒)가 표시되면서 이 댓글은 블로그 운영자만 확인할 수 있어요.

3 | 내 블로그의 댓글 관리하기

누군가 내 블로그의 글에 댓글을 남겼다면 답글을 달아 소통해 봅시다.

✔ 댓글 확인하고 답글 달기

내 글에 댓글이 달리면 댓글을 확인하고 답글을 달아줄 수 있어요. 답글은 글을 써도 되고 스티커로 표현해도 됩니다.

무작정 따라하기 댓글 확인하고 답글 달기

실습예제 | 내 블로그의 홈 화면에서 실습하세요.

① 내 블로그의 홈 화면에서 글 목록을 확인하면 댓글이 남겨진 글 제목의 오른쪽에는 댓글의 개수만큼 숫자가 표시되어 있습니다. 댓글을 확인하고 싶은 글의 제목을 선택하세요.

② [댓글]을 클릭해 댓글 내용을 확인합니다.

③ [답글]을 클릭하고 입력 상자가 표시되면 내용을 입력한 후 [등록]을 클릭합니다.

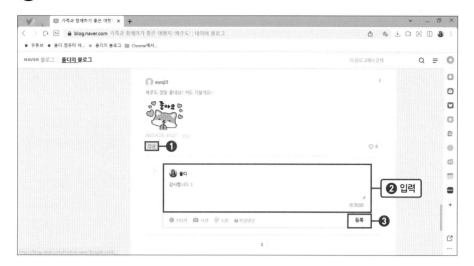

기분 나쁜 댓글이 달리면 어떻게 해야 하나요?

블로그에는 다양한 사람이 방문하므로 광고 댓글이나 불쾌한 댓글이 달릴 수 있어요. 이 경우에는 해당 댓글의 '더 보기'(⋮)를 클릭하고 [삭제]를 선택해서 댓글을 삭제하거나 [신고]를 선택해서 댓글을 신고할 수 있습니다.

▲ 신고 사유를 선택해 댓글을 신고할 수 있다.

④ 댓글 아래에 답글이 추가된 것을 확인할 수 있습니다.

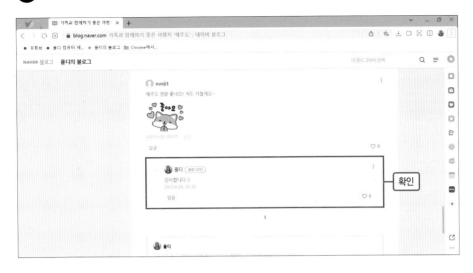

✔ [관리] 페이지에서 모든 댓글 관리하기

내 블로그의 [관리] 페이지에서는 내 블로그에 남겨진 모든 댓글과 답글을 확인하고 필요에 따라 삭제 또는 차단할 수 있습니다.

무작정 따라하기 | 댓글 입력하고 삭제 및 차단하기

실습예제 | 내 블로그의 홈 화면에서 실습하세요.

① 내 블로그의 홈 화면에서 프로필 영역에 있는 '관리'를 선택합니다.

② [관리] 페이지가 열리면 '메뉴·글·동영상 관리'에서 '글 관리'의 '댓글'을 선택합니다. 내 블로그에 등록된 댓글을 모두 확인하고 댓글 중에서 답글을 남기려는 글 제목을 선택하세요.

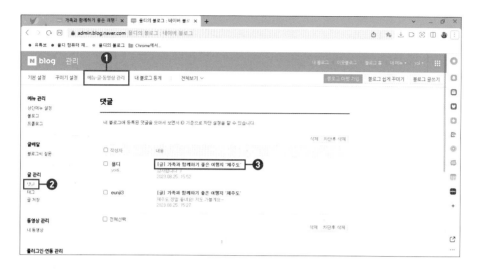

③ 해당 글 페이지로 이동하면 '댓글'을 클릭해 답글을 남깁니다.

4 댓글 관리 페이지로 되돌아와서 삭제 또는 차단하려는 댓글에 체크 표시하고 [삭제] 또는 [차단후 삭제]를 클릭합니다.

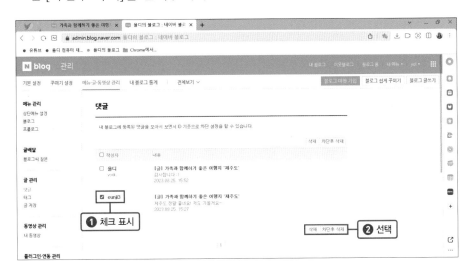

5 해당 댓글이 바로 삭제되거나 차단 후 삭제됩니다.

▲ 댓글을 삭제하는 경우

▲ 댓글을 차단 후 삭제하는 경우

언제 어디서나 나를 기록해요! 스마트폰으로 블로그하기

16 내 손 안에 쏙~ '네이버 블로그' 앱

내 블로그에 글을 포스팅하고 관리할 때 꼭 컴퓨터가 필요할까요? 아닙니다! 내 손 안의 작은 컴퓨터인 스마트폰만 있으면 언제 어디서든지 쉽고 편리하게 블로그를 운영 및 관리할 수 있습니다.

1 '네이버 블로그' 앱 설치하기

스마트폰에 '네이버 블로그' 앱을 설치하면 우리에게 아주 익숙한 스마트폰으로 쉽고 간편하게 블로그에 글을 포스팅할 수 있습니다. 스마트폰의 운영체제에 따라 앱을 설치하는 방법이 다릅니다. iOS 운영체제인 아이폰을 제외한

▲ 안드로이드　　▲ iOS

스마트폰은 대부분 안드로이드 운영체제입니다. 삼성의 갤럭시 스마트폰도 안드로이드 운영체제를 사용합니다. 운영체제에 맞게 오른쪽의 QR 코드를 이용해 앱을 설치하세요.

2 '네이버 블로그' 앱 실행하기

스마트폰 앱 목록에서 '네이버 블로그' 앱이 설치되었는지 확인하고 앱을 터치해 실행해 보세요.

실습예제 | '네이버 블로그' 앱에서 실습하세요.

① '네이버 블로그' 앱을 설치한 후 네이버 블로그에서 알람 보내는 것을 허용하겠는지 물으면 [허용]을 터치합니다. 컴퓨터에서 네이버 블로그에 접속할 때 사용했던 네이버 아이디와 비밀번호를 입력하고 [로그인]을 터치하세요.

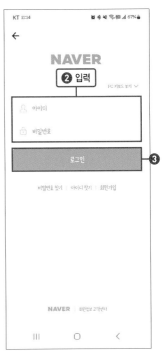

② 새로운 기기로 로그인하면 자주 사용하는 기기로 등록하기 위해 [등록]을 터치합니다. 블로그 첫 화면으로 '이웃새글' 화면이 열리면 '내 블로그'(🧑)를 터치하세요.

Tip | '네이버 블로그' 앱에 한 번 로그인하면 다시 앱을 실행했을 때 자동 로그인되어 바로 사용할 수 있어요.

③ 내 블로그의 홈 화면이 열리면서 타이틀과 대문 사진,
내 글 목록이 나타납니다.

'네이버 블로그' 앱에 다른 아이디로 로그인하고 싶어요!

'네이버 블로그' 앱에서 자동으로 로그인되어 있는 아이디를 로그아웃하고 다른 아이디로 로그인해 볼게요.

실습예제 | '네이버 블로그' 앱의 '이웃새글' 화면에서 실습하세요.

1. '네이버 블로그' 앱을 열고 '이웃새글' 화면
에서 ☰를 터치한 후 '로그인정보'를 터치합
니다.

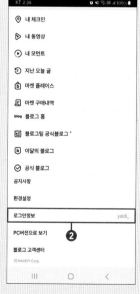

2. 등록된 아이디가 있으면 해당 아이디를, 새로운 아이디를 추가해야 하면 '아이디 추가하기'를 터치합니다. 새로운 아이디와 비밀번호를 입력하고 [로그인]을 터치해 아이디를 추가하세요.

3. 아이디는 최대 3개까지 등록할 수 있으므로 등록된 아이디가 3개라면 사용하지 않는 아이디를 우선 삭제하고 새로운 아이디를 추가해야 합니다. 삭제할 아이디의 ⋮를 터치하고 [아이디 삭제]를 터치하면 바로 삭제됩니다.

17 스마트폰으로 블로그 관리하기

'네이버 블로그' 앱에서는 글쓰기뿐만 아니라 스마트폰에 저장된 사진으로 홈 화면을 꾸미고 프로필 사진도 변경할 수 있습니다. 이웃의 새로운 글은 '이웃새글'에서 댓글을 통해, 이웃신 청은 '내소식'을 통해 빠르게 확인할 수 있어요.

1 | '네이버 블로그' 앱의 화면 구성 살펴보기

'네이버 블로그' 앱을 실행하면 '이웃새글'이 첫 화면으로 설정되어 있습니다.

✔ 이웃새글

'이웃새글' 화면에서는 나의 이웃들의 새로운 모먼트와 글을 실시간으로 확인할 수 있습니다.

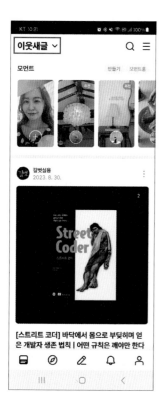

미니사전 **모먼트(Moment)**

모먼트는 '네이버 블로그' 앱에서 1분 만에 만들어 올리는 '짧은 동영상'으로, 글보다 더 생생하게 정보를 전달할 수 있습니다. 모먼트를 이용해 초보자도 쉽게 동영상을 편집할 수 있고 플레이스, 지도, 예약 등 네이버의 정보를 영상 위에 첨부해 네이버의 다양한 서비스를 연결할 수 있어요. 모먼트 동영상을 제작하는 방법은 318쪽을 참고하세요.

✔ 추천

'추천'(🗝)에서는 내 관심 주제와 관련된 새로운 글을 확인할 수 있습니다. 이번에는 '추천'을 이용해서 내 관심 주제를 설정해 보겠습니다.

무작정 따라하기   관심 주제 설정하기

실습예제 | '네이버 블로그' 앱에서 실습하세요.

❶ '네이버 블로그' 앱을 열고 '추천'(🧭)을 터치해 '추천' 화면을 열고 ⊞를 터치합니다.

2 '관심 주제 설정' 화면이 열리면 관심 주제를 모두 터치해서 선택하고 [확인]을 터치하세요.

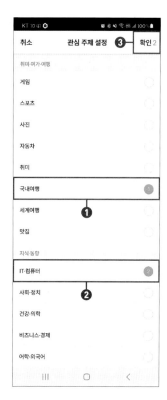

Tip | [확인]의 오른쪽에 선택한 관심 주제의 개수(확인2)가 표시됩니다.

3 화면의 위쪽에 관심 주제가 표시되면 각 주제를 터치해 관련된 새 글을 확인할 수 있습니다.

✔ 글쓰기

'글쓰기'(✐)를 터치해 글쓰기 화면을 열고 바로 글을 작성할 수 있습니다. '네이버 블로그' 앱에서 글을 쓰는 방법은 268쪽을 참고하세요.

✔ 내소식

'내소식'(🔔)을 터치해 '내소식' 화면을 열고 '알림'에서 나에게 온 서로이웃 신청과 내 글에 남겨진 공감, 그리고 댓글 알림을 확인할 수 있습니다. '활동'을 터치하면 내가 다른 블로그에 남긴 활동을 확인할 수 있어요.

> **Tip** | [안읽음 보기]를 터치하면 확인하지 않은 알림만 확인할 수 있습니다.

✔ 내 블로그

'내 블로그'(👤)를 터치해 내 블로그의 홈 화면을 열고 '홈편 집'을 터치해 홈 화면을 변경한 후 블로그 소개와 글 목록을 확인할 수 있습니다.

❶ **홈편집**(⚙홈편집): 커버 스타일, 블로그명, 소개, 글 목록 형식을 설정할 수 있습니다.

❷ **카테고리**(☰): 블로그의 카테고리를 확인하고 ⚙를 터치 해서 변경할 수 있습니다.

❸ **안부글**(🗨): PC용 블로그 '안부 게시판'에 등록된 안부글 을 확인할 수 있습니다.

❹ **이웃목록**(👥): 내가 추가했거나 나를 추가한 모든 이웃을 확인하고 관리할 수 있습니다.

❺ **통계**(📈): PC용 블로그의 홈 화면에서 '통계'를 선택해 [관 리] 페이지의 '내 블로그 통계'를 열고 블로그의 현황 정보 를 확인할 수 있습니다.

✔ MY메뉴

내 블로그의 홈 화면에서 오른쪽 위에 있는 ☰를 클릭해 MY 메뉴 화면을 열고 '내소식'(🔔), '이웃목록'(👥), '통계'(📈), '모먼트 만들기'(⊕), '글쓰기'(✎) 퀵 메뉴를 이용하거나 내 블로그의 '일별 조회 수'와 '일별 방문 수'에 대한 통계 그래프 를 확인할 수 있습니다. 그리고 '네이버 블로그' 앱의 '로그인 정보'와 '환경 설정'을 확인하고 변경할 수 있습니다.

2 | '네이버 블로그' 앱으로 내 블로그 관리하기

'네이버 블로그' 앱으로도 내 블로그를 충분히 관리할 수 있습니다. 이번에는 내 블로그의 첫인상을 결정하는 홈 화면과 프로필 사진을 멋지게 바꿔볼게요.

✔ 홈 화면 편집하기

스마트폰으로 촬영한 사진으로 커버 스타일을 변경하고 소개글과 글 목록 보기 방식 등을 설정해 보겠습니다.

1 홈 화면 이미지와 커버 스타일 변경하기

우선 블로그의 첫 화면인 홈 화면의 이미지를 잘 어울리게 바꾸고 커버 스타일도 내 블로그의 성격에 맞게 변경해 보겠습니다.

무작정 따라하기   홈 화면 이미지와 커버 스타일 변경하기

실습예제 | '네이버 블로그' 앱의 홈 화면에서 실습하세요.

1 '네이버 블로그' 앱의 홈 화면에서 [홈편집]을 터치하고 [이미지 변경]을 터치합니다.

2 휴대전화에 저장된 사진으로 홈 화면 이미지를 변경하기 위해 [촬영 또는 앨범에서 선택]을 터치합니다. 네이버 블로그에서 휴대전화의 다양한 파일을 활용하기 위해 [허용]을 터치해 액세스를 허용하세요.

> **Tip** | [기본 커버 이미지]를 터치하면 네이버에서 제공하는 기본 이미지를 사용할 수 있어요.

3 휴대전화에 저장된 사진 파일 중에서 홈 화면 이미지로 변경할 사진을 체크 표시해 선택하고 [다음]을 터치합니다.

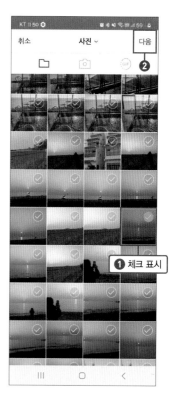

> **Tip** | '카메라' 앱을 실행해 직접 촬영하거나 여러 개의 사진을 선택해 움직이는 GIF 파일로 만들 수도 있습니다.

4 커버 영역에 표시되는 사진
의 위치를 확인한 후 조절하고 [완
료]를 터치합니다. 홈 화면의 이미
지를 변경했으면 [커버 스타일]을
터치하세요.

5 여덟 가지 커버 스타일 중 하나를 선택하고 [확인]을 터
치합니다.

> **Tip** | '커버 5'부터 '커버 8'은 사진이 크게 강조되어 표현되는 큰 커버 스타일
> 입니다.

6 홈 화면의 이미지와 커버 스타일이 변경되었는지 확인합니다.

2 블로그명, 프로필 사진, 별명 변경하기

이번에는 내 블로그의 이름과 내 프로필 사진, 그리고 별명을 변경해 보겠습니다.

무작정 따라하기 블로그명, 프로필 사진, 별명 변경하기

실습예제 | 앞의 실습을 계속 이어서 따라 해 보세요.

1 내 블로그의 홈 화면에서 [홈편집]을 터치합니다. '홈편집' 화면에서 블로그명의 입력 상자를 터치하고 내용을 수정하세요.

② 별명 입력 상자를 터치해서
별명을 수정합니다. 프로필 사진
을 터치하고 휴대전화에 저장된
사진 파일 중에서 프로필 사진을
터치해 선택한 후 [다음]을 터치
하세요.

> **Tip** | '카메라' 앱을 실행해 직접 촬영하
> 거나 여러 개의 사진을 선택해 움직이는
> GIF 파일로 만들 수도 있습니다.

③ 프로필 사진 영역에 보여질
사진의 위치를 확인하고 조절한
후 [완료]를 터치합니다. 변경된
홈 화면을 확인하고 [적용]을 터
치하세요.

❹ 변경된 블로그명과 프로필 사진, 별명을 확인합니다.

 스마트폰의 '네이버 블로그' 앱에서 프로필 사진을 수정하면 PC용 블로그에도 똑같이 변경되나요?

'네이버 블로그' 앱에서 수정한 내용은 PC용 블로그에도 똑같이 적용됩니다. 예를 들어 스마트폰에 저장된 사진을 블로그의 프로필 사진으로 수정하면 PC용 블로그도 똑같이 수정되므로 사진 파일을 컴퓨터로 옮길 필요가 없어서 매우 편리합니다.

▲ 모바일 '네이버 블로그' 앱 화면

▲ PC용 네이버 블로그 화면

❸ 소개, 모먼트, 글 목록 보기 방식 설정하기

내 블로그를 소개하는 글과 모먼트를 설정하고 글 목록을 보는 방식도 설정해 보겠습니다.

소개, 모먼트, 글 목록 보기 방식 설정하기

실습예제 | '네이버 블로그' 앱의 홈 화면에서 실습하세요.

❶ 내 블로그의 홈 화면에서 [홈편집]을 터치합니다. '홈편집' 화면에서 블로그 소개글을 수정하고 전화번호, 주소를 입력할 수 있습니다. 단 전화번호나 주소는 블로그를 방문하는 모든 사람에게 공개된다는 것을 꼭 기억하세요.

❷ 홈 화면에 표시될 '인기글'과 '대표글'을 설정할 수 있습니다.

❶ **인기글**: 이전 주의 월요일부터 일요일까지 조회 수가 많았던 글이 표시됩니다.
❷ **대표글**: 내 블로그를 대표하는 글을 직접 선택할 수 있습니다.

▲ 인기글

▲ 대표글

❸ 모먼트 동영상이 없으면 [숨기기]를 터치해 홈 화면에서 모먼트 블록을 숨길 수 있습니다.

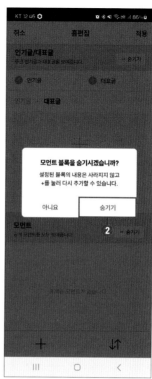

❹ 글 목록을 여러 보기 방식으로 설정할 수 있습니다.

▲ 앨범형

▲ 목록형

▲ 카드형

▲ 동영상형

⑤ 모두 설정했으면 [적용]을 터치합니다.

홈 화면에 모먼트 블록을 추가하고 싶어요!

내 블로그의 '홈편집' 화면에서 [블록 추가]
(＋)를 터치한 후 '모먼트' 블록을 터치하면
바로 홈 화면에 모먼트 블록이 추가됩니다.

18 스마트폰으로 블로그에 글쓰기

여행 중 멋진 풍경을 보고 있는 바로 이 순간을 다른 사람들과 지금 바로 공유하고 싶을 수 있습니다. 내 손에 스마트폰이 있으면 이렇게 훌륭한 맛집과 멋진 장소, 좋은 정보를 바로 내 블로그에 글로 남겨서 공유할 수 있어요.

1 순간을 기록하는 포스팅

기록이 필요한 지금 이 순간! 스마트폰의 '네이버 블로그' 앱을 실행해서 바로 포스팅해 봅시다.

✔ '네이버 블로그' 앱의 글쓰기 화면 구성 살펴보기

스마트폰에서 '네이버 블로그' 앱의 '글쓰기' 화면을 살펴볼게요.

> **Tip** | PC용 네이버 블로그에서 제공하는 스마트에디터 ONE의 편집 창에서 각 글쓰기 도구의 세부적인 기능은 109쪽을 참고하세요.

▲ 모바일 '네이버 블로그' 앱

▲ PC용 네이버 블로그

컴퓨터로 포스팅할 때 본 '스마트에디터 ONE' 글쓰기 화면과 매우 비슷하죠? 스마트폰과 컴퓨터 모니터 화면의 크기가 달라서 기본 도구 막대와 속성 도구 막대, 글쓰기 영역 등의 배치만 달라졌을 뿐 기능은 같습니다. 그래서 컴퓨터로 글쓰기를 해 봤다면 모바일 '네이버 블로그' 앱으로도 쉽게 글을 작성할 수 있어요.

✔ '네이버 블로그' 앱에서 글쓰기

'네이버 블로그' 앱에서 바로 내 블로그에 글을 포스팅해 보겠습니다.

무작정 따라하기 | '네이버 블로그' 앱에서 글쓰기

실습예제 | '네이버 블로그' 앱에서 실습하세요.

❶ '네이버 블로그' 앱을 실행하고 '글쓰기'(✎)를 터치합니다. 글쓰기 화면이 열리면 제목과 본문 영역을 터치해 글을 입력하고 위치를 표시하기 위해 '위치 추가'를 터치하세요.

2 '네이버 블로그' 앱에서 위치 정보를 활용할 수 있도록 [앱 사용 중에만 허용]을 터치합니다. '장소 첨부' 화면에서 장소명을 입력하고 🔍를 터치하세요.

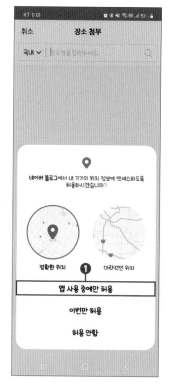

Tip │ '장소 첨부' 화면에서 자동 완성 서비스로 추천된 장소명 중 하나를 선택해도 됩니다.

3 검색된 결과에서 원하는 위치를 터치하면 본문 영역의 위쪽에 위치 정보가 표시됩니다.

4 본문 내용의 서식을 변경해 볼게요. 서식을 변경할 글자를 길게 누른 후 '모두 선택'을 터치해 모든 글자를 선택합니다.

Tip | 글자의 양쪽에 있는 물방울 모양 (●)을 각각 드래그해 원하는 글자만 선택할 수도 있어요.

5 속성 도구 막대가 나타나면 서체, 글자 크기, 정렬 등을 설정할 수 있습니다. 속성 도구 막대 부분을 드래그해서 숨겨진 도구들을 모두 확인하고 '인용구' 도구를 터치해 인용구 서식을 지정하세요.

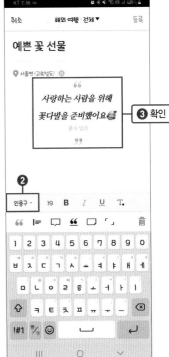

Tip | 속성 도구 막대가 나타나지 않으면 T를 터치하세요.

6 스마트폰으로 촬영한 사진을 첨부하기 위해 '사진 첨부'(📷)를 터치합니다.

7 스마트폰에 저장된 사진 중에서 첨부할 사진을 터치해 선택하고 '첨부'를 터치합니다. 첨부할 사진이 표시되면 확인하고 [완료]를 터치하세요.

Tip │ [사진 편집]을 터치하면 사진을 간단하게 보정하거나 변경할 수 있어요.

8 본문에 사진이 추가되었으면 화면의 위쪽에 있는 카테고리·공개 설정 부분을 터치합니다. '발행 옵션' 화면이 열리면 PC용 블로그 발행 옵션과 똑같이 카테고리, 공개 범위, 글쓰기 설정, 태그 등을 설정하고 [닫기] 버튼(☒)을 터치한 후 [등록]을 터치해서 글을 발행하세요.

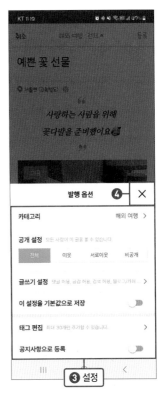

Tip │ '발행 옵션' 화면에서 '이 설정을 기본값으로 저장'을 설정하면 다음 글을 등록할 때 현재 설정한 발행 옵션으로 빠르게 등록할 수 있습니다. 이제까지 설정한 발행 옵션은 다음과 같습니다.

▲ 카테고리　　　　　▲ 공개 범위　　　　　▲ 글쓰기 설정　　　　　▲ 태그

PC용 블로그에 위치를 추가하면 지도가 보이는데 모바일 앱에서는 장소명만 표시됩니다. 지도 도 같이 추가할 수 있나요?

모바일 '네이버 블로그' 앱의 글쓰기에서도 본문에 지도를 추가할 수 있습니다.

▲ PC용 네이버 블로그에 추가한 지도

▲ 모바일 '네이버 블로그' 앱에 추가한 지도

실습예제 | '네이버 블로그' 앱의 글쓰기 화면에서 실습하세요.

1. '네이버 블로그' 앱을 열고 내 블로그의 글쓰기 화면에서 '더 보기'(⋯)를 터치한 후 '장소'를 터치합니다.

2. '장소 첨부' 화면에서 장소명을 입력하고 🔍를 터치하거나 자동 완성 서비스로 추천된 장소명 중 하나를 선택합니다. 검색된 결과에서 원하는 위치를 터치하세요.

3. 검색한 장소의 지도를 확인하고 [완료]를 터치한 후 본문에 지도가 추가되었는지 확인합니다.

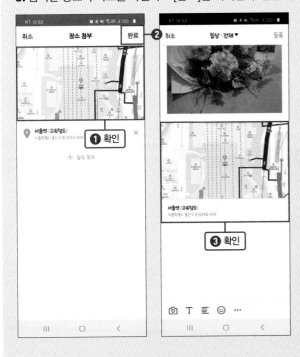

2 | 글쓰기에 유용한 기능 익히기

스마트폰에서 '네이버 블로그' 앱으로 포스팅할 때 이것만은 꼭 알아두세요.

✔ 음성으로 내용 입력하기

작은 스마트폰 키패드로 긴 글을 입력하기가 쉽지 않죠? 이럴 때 '음성 입력' 기능을 사용하면 쉽게 편리하게 글을 입력할 수 있어요.

무작정 따라하기 | **마이크로 말하는 내용 입력하기**

실습예제 | '네이버 블로그' 앱의 홈 화면에서 실습하세요.

1 '네이버 블로그' 앱의 홈 화면에서 '글쓰기'(✏)를 터치해 글쓰기 화면을 열고 '더 보기'(⋯)를 터치한 후 '음성 입력'을 터치합니다.

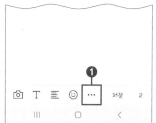

2 '마이크'(🎤)를 터치하고 본문에 입력할 내용을 말하면 글자로 입력됩니다. 내용을 모두 입력하고 [닫기] 버튼(❌)을 터치하세요.

> **Tip** | 마이크로 말해서 글자를 입력해도 수정할 수 있습니다.

✔ 여러 장의 사진으로 동영상 만들어 추가하기

본문에 추가할 사진이 많다면 쉽고 간단하게 동영상으로 만들어서 추가할 수 있습니다.

무작정 따라하기 여러 장의 사진으로 동영상 만들어 추가하기

실습예제 | '네이버 블로그' 앱의 홈 화면에서 실습하세요.

1 '네이버 블로그' 앱의 홈 화면에서 '글쓰기'(✐)를 터치해 글쓰기 화면을 열고 '사진 첨부'(▣)를 터치합니다. 여러 장의 사진을 차례대로 터치해 선택하고 [동영상 편집]을 터치하세요.

Tip | 여기에서는 부록 파일의 '제주도 여행' 폴더에서 제공하는 사진들을 선택했어요.

2 선택한 사진 파일이 순서대로 동영상 편집기에 추가되면 '재생'(▶)을 터치해 자동으로 만들어진 동영상을 확인합니다.

③ 타임라인의 동영상 클립을 터치하면 해당 클립을 다양하게 편집할 수 있습니다.

❶ 필터(⊛): 동영상의 분위기를 터치 한 번으로 변경할 수 있습니다.

❷ 보정(⊞): 동영상의 밝기, 대비, 채도, 선명도, 색 온도를 직접 조절할 수 있습니다.

❸ 나누기(◫): 흰색 선을 기준으로 동영상을 잘라 나눌 수 있습니다.

❹ 변형(◲): 동영상을 회전, 좌우/상하 반전, 화면 맞춤할 수 있습니다.

❺ 복제(▯): 동영상을 복사해 바로 뒤에 붙여넣을 수 있습니다.

❻ 삭제(▥): 동영상을 삭제할 수 있습니다.

④ 동영상에 자막을 추가해 볼게요. 타임라인의 동영상 클립을 드래그해 자막을 넣을 위치에 흰색 선을 맞추고 ➕를 터치합니다.

5 미리 보기 화면에 추가된 자막 박스를 2번 터치해서 커서를 올려놓고 아래쪽의 입력 상자에 자막 내용을 입력합니다. 입력한 자막은 서체와 색상, 정렬 방식을 설정할 수도 있고 복제나 삭제할 수도 있어요.

6 미리 보기 화면에 추가된 자막 상자를 원하는 위치로 드래그해 이동하고 각 모서리의 조절점을 드래그해 자막의 크기를 조절합니다.

7 타임라인에 추가된 자막 클립의 양쪽을 드래그해 자막의 길이를 조절합니다.

8 타임라인의 동영상 클립을 선택하고 양쪽에 있는 ⊕를 터치하면 사진이나 동영상을 추가할 수 있습니다. 동영상의 커버 이미지를 추가하기 위해 첫 번째 동영상 클립의 왼쪽 ⊕를 터치하고 [타이틀 커버]를 터치하세요.

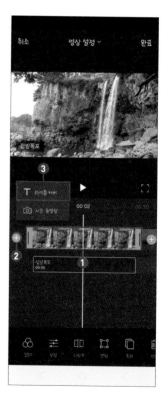

9 기본 타이틀 커버가 추가되면서 아래쪽에 커버를 편집할 수 있는 다양한 버튼이 나타납니다. 먼저 '스타일'을 터치해 커버 스타일을 선택하고 ☑를 터치하세요.

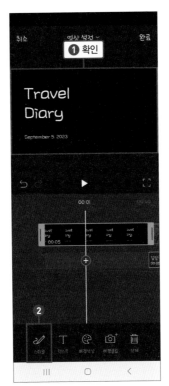
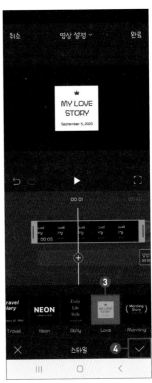

10 커버스타일이 변경되었으면 '텍스트'를 터치해서 원하는 타이틀(Title)과 날짜(Date)를 입력합니다. 이때 날짜는 동영상을 편집하는 날짜가 자동으로 입력됩니다.

11 기본으로 제공되는 커버의 배경색은 검은색입니다. 커버로 사용하고 싶은 예쁜 사진이 있으면 '배경클립'을 터치해서 마음에 드는 사진으로 변경할 수 있어요.

12 동영상 앞부분에 '타이틀 커버'가 추가되었으면 본문에 편집한 동영상을 추가하기 위해 [완료]를 터치합니다. 인코딩이 시작되면 잠시 기다리세요.

13 인코딩 후 '동영상 정보' 화면이 열리면 동영상 대표 이미지를 타이틀 커버로 선택합니다. 제목, 정보, 태그 등 동영상 정보를 입력하고 [완료]를 터치해 본문에 동영상을 추가하세요.

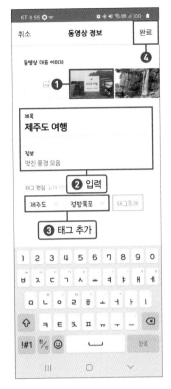

 앱 화면의 아래쪽에 설정 버튼이 없어요!

블로그에서 글을 작성하다가 설정을 변경하고 싶을 수 있어요. 이 경우에는 동영상 클립이나 자막, 타이틀 커버와 같은 설정 대상을 터치해서 선택해야 각 대상에 맞게 화면의 아래쪽에 설정 버튼이 표시됩니다.

▲ 설정 대상을 선택하지 않은 경우

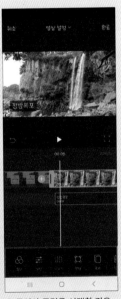

▲ 동영상 클립을 선택한 경우

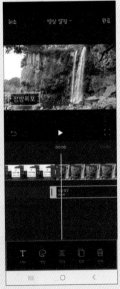

▲ 자막을 선택한 경우

▲ 타이틀 커버를 선택한 경우

'네이버 블로그' 앱으로 이웃과 소통하기

블로그를 운영할 때 글을 포스팅하는 것만큼 중요한 활동이 바로 '이웃과의 소통'입니다. 이웃 또는 서로이웃을 맺었다면 이웃의 새로운 소식에 관심을 가지고 소통해야 훨씬 더 즐겁게 블로그 활동을 할 수 있어요. 스마트폰의 '네이버 블로그' 앱으로 지금 바로 이웃의 새 글을 확인해 보세요.

1 | 내 이웃의 새 글 확인하기

스마트폰에서 '네이버 블로그' 앱을 실행하면 '이웃새글'을 바로 확인할 수 있습니다.

✔ 이웃의 새 글 보기

여러 이웃의 블로그를 일일이 방문하지 않아도 '이웃새글'을 통해 이웃이 포스팅한 새로운 글을 한꺼번에 확인할 수 있어요.

무작정 따라하기 이웃의 새 글 보기

실습예제 | '네이버 블로그' 앱에서 실습하세요.

1 스마트폰에서 '네이버 블로그' 앱을 실행하면 [이웃새글] 화면이 시작 화면으로 나타납니다. 화면을 아래쪽으로 스크롤해 새로운 글을 모두 확인할 수 있어요.

② 이웃의 프로필 이름은 오른쪽에 있는 '더 보기'(⋮)를 터치하면 이웃 새글 끄기, 앱 알림 켜기, 신고 기능 등을 설정할 수 있습니다.

❶ 이웃새글 끄기: 이웃이 새 글을 포스팅해도 '이웃새글'에 보이지 않습니다.

❷ 앱알림 켜기: 이웃의 새 글 알람을 확인할 수 있습니다.

❸ 이 글 숨기기: 이웃의 새 목록에서 해당 글을 숨겨서 보이지 않게 합니다.

❹ 이웃취소: 이웃을 취소할 수 있습니다.

❺ 신고: 해당 글을 신고할 수 있습니다.

❻ 취소: 설정 메뉴를 닫을 수 있습니다.

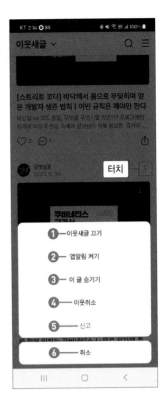

❸ 관심 있는 글을 터치해서 읽어보세요.

✔ 글에 공감하고 댓글 남기기

글의 내용이 유용하고 재미있다면 '공감'과 '댓글'을 남겨 이웃에게 관심과 응원을 표현할 수 있습니다.

무작정 따라하기 　글에 공감하고 댓글 남기기

실습예제 | 285쪽의 실습을 계속 이어서 따라 해 보세요.

1 　글 아래쪽에 있는 '공감'(♡) 을 터치합니다. '공감'의 하트가 빨간색(♥)으로 바뀌면서 공감의 숫자도 +1 되어 표시되면 '댓글' (☺)을 터치하세요.

2 　'댓글을 입력해주세요.' 부 분을 터치해서 내용을 입력하고 [등록]을 터치합니다.

❸ 댓글이 등록되면 '더 보기'
(⋮)를 터치해 댓글을 수정하거
나 삭제할 수 있습니다.

2 | 내 블로그의 소식 확인하기

내 블로그의 새로운 공감, 댓글, 이웃 신청 등 모든 소식을 확인해 보겠습니다.

✔ 내 소식 확인하기

앱을 통해 모든 소식을 한꺼번에
쉽게 확인할 수 있어요. 모바일에
서 '네이버 블로그' 앱을 실행하고
'내소식'(🔔)을 터치해서 내 글에
남겨진 공감, 댓글, 서로이웃 신청
알림을 모두 확인할 수 있습니다.

✔ 이웃, 서로이웃 추가하기

'서로이웃' 신청을 받으면 [서로이웃을 신청한 블로거]가 표시되는데, 이 버튼을 터치해서 메시지를 확인하고 바로 '수락'할 수 있어요. '이웃' 신청을 받으면 [+ 이웃추가]를 터치해서 추가할 수 있습니다.

▲ 서로이웃을 신청한 블로거를 확인한 후 '서로이웃' 신청을 수락하는 경우

▲ [+ 이웃추가]를 터치해 이웃으로 추가하는 경우

✔ 감사의 답글 남기기

내 글에 남겨진 댓글을 확인하고 답글을 남길 수 있습니다.

실습예제 | '네이버 블로그' 앱의 '내 소식' 화면에서 실습하세요.

1 '네이버 블로그' 앱에서 '내 소식'(🔔)을 터치합니다. '내소식' 화면이 열리면 댓글을 터치해서 댓글을 확인하고 [답글]을 터치합니다.

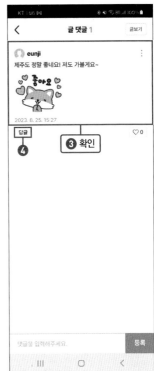

2 '댓글을 입력해주세요.' 부분을 터치해서 내용을 입력하고 [등록]을 터치합니다. 댓글 아래에 답글이 표시되면 '더 보기'(⋮)를 터치해 답글을 수정하거나 삭제할 수 있어요.

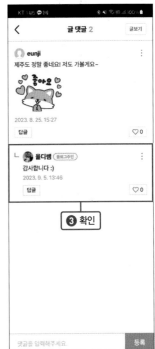

내 블로그
똑똑하게 분석하고
효과적으로
활용하기

20 블로그 관리의 시작!
내 블로그의 통계 살펴보기

블로그에 글을 포스팅하고 운영하다 보면 내 블로그에 얼마나 많은 사람이 방문하는지, 이번에 포스팅한 글의 조회 수가 많은지, 적은지, 이웃이나 서로이웃이 얼마나 늘었는지 궁금해집니다. 이런 궁금증은 내 블로그의 [관리] 페이지에서 '내 블로그 통계'를 확인하면 모두 해결할 수 있어요. 그리고 이러한 통계 자료를 바탕으로 앞으로 블로그에 어떤 글을 포스팅할 것인지, 어떻게 운영할 것인지 등의 장기적인 계획을 세울 수 있습니다.

1 | 내 블로그의 통계 확인하기

내 블로그의 모든 통계 자료를 한눈에 확인해 보겠습니다.

무작정 따라하기　　내 블로그의 통계 확인하기

실습예제 | 내 블로그의 홈 화면에서 실습하세요.

1 내 블로그의 홈 화면에서 프로필 영역에 있는 '통계'를 클릭합니다.

② '내 블로그 통계' 화면이 열리면 내 블로그의 통계 자료를 확인할 수 있습니다.

✔ 내 블로그의 하루! 일간 현황 확인하기

'오늘'의 '일간 현황'을 선택하면 실시간 종합 상황판을 통해 해당 날짜의 주요 지표 조회 수와 공감 수, 댓글 수, 이웃 증감 수의 수치를 확인할 수 있습니다. 클릭과 조회가 발생하면 실시간으로 바로 확인할 수 있으므로 포스팅한 후 즉시 방문자의 반응을 확인할 때 사용합니다.

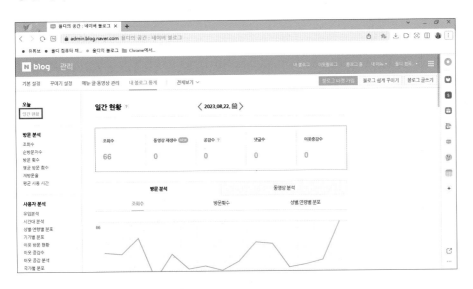

아래쪽에 있는 상세 그래프에서는 최근 15일간의 '방문 분석'과 '동영상 분석' 자료를 세부적으로 파악할 수 있습니다. 즉 [방문 분석] 탭에서는 조회 수와 방문 횟수, 성별 및 연령별 분포를, [동영상 분석] 탭에서는 재생 수, 총 재생 시간, 성별 및 연령별 분포를 확인할 수 있습니다. 그래프에 마우스 포인터를 올려놓으면 해당 날짜의 수치를 확인할 수 있어요.

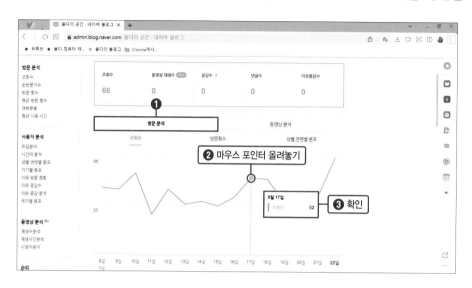

2 | 내 블로그의 통계 분석하기

내 블로그의 통계 자료를 바탕으로 방문 상황과 사용자를 분석하고 순위도 확인할 수 있습니다.

✔ 내 블로그에 얼마나 방문할까? 방문 분석 확인하기

'방문 분석'의 세부 정보를 선택하면 일간별, 주간별, 월간별로 선택한 기간 동안의 조회 수와 순방문자 수, 방문 횟수, 재방문율 등의 수치를 확인할 수 있습니다.

1 조회수

'조회수'는 선택한 기간 동안 내 블로그를 방문한 이용자가 내 블로그의 페이지를 열람한 횟수를 표시합니다.

② 방문 횟수

'방문 횟수'는 선택한 기간 동안 내 블로그에 방문한 총횟수를 표시합니다. 단 30분 안에 재방문한 횟수는 가산되지 않습니다.

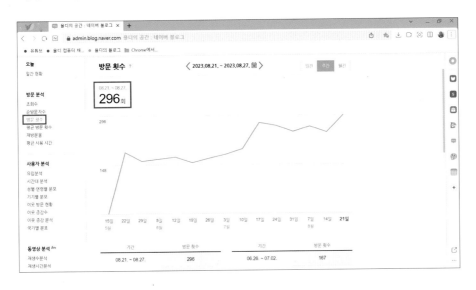

③ 재방문율

'재방문율'에서는 선택한 기간의 전체 방문자 중 선택한 기간의 직전 기간에도 방문했던 이용자의 비율을 확인할 수 있습니다. 재방문했다는 것은 내 블로그에 관심이 있어서 지속적으로 방문했다는 의미이므로 재방문율이 높아지는지, 낮아지는지를 지속적으로 체크하면 좋습니다.

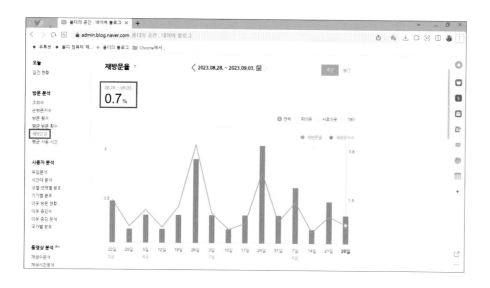

✔️ 내 블로그에 어떤 사람들이 올까? 사용자 분석 확인하기

'사용자 분석'의 세부 정보를 선택하면 일간별, 주간별, 월간별로 선택한 기간 동안의 유입 경로와 성별 및 연령 분포, 기기별 분포, 이웃 증감 수 등의 수치를 확인할 수 있습니다.

1️⃣ 유입분석

'유입분석'에서는 내 블로그에 방문하기 직전의 사이트 정보와 검색 유입 비율을 확인할 수 있습니다. 특히 [검색 유입]을 통해 어떤 검색어로 내 블로그에 방문했는지 알 수 있습니다. 많이 검색하는 검색어를 확인하고 그와 관련된 주제로 글을 포스팅하면 블로그를 매우 효과적으로 성장시킬 수 있어요.

② 성별·연령별 분포

'성별·연령별 분포'에서는 내 블로그 방문자의 성별 및 연령별 분포를 조회 수나 순방문자 수를 기준으로 확인할 수 있습니다. 단 성별 및 연령별 정보를 확인할 수 있는 이용자 수가 5명 미만일 경우에는 개인 정보 보호를 위해 데이터가 노출되지 않습니다.

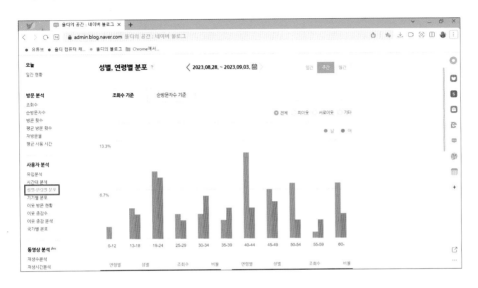

③ 기기별 분포

'기기별 분포'에서는 이용자의 기기를 PC와 모바일로 구분해서 조회 수나 순방문자 수 기준으로 확인할 수 있습니다.

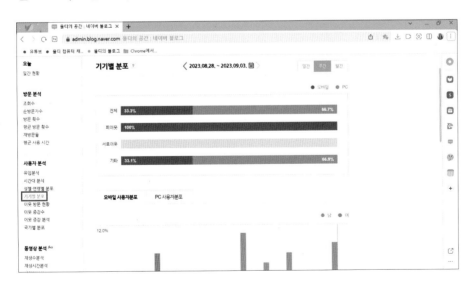

④ 이웃 증감수

'이웃 증감수'에서는 이웃 수를 추가 및 삭제한 수와 서로이웃을 신청한 수의 변화를 확인할 수 있습니다.

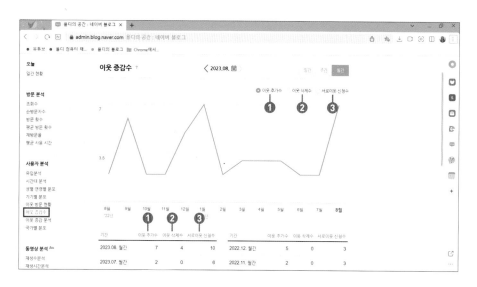

① **이웃 추가수**: 나를 이웃으로 추가한 이용자 수
② **이웃 삭제수**: 나를 이웃에서 삭제한 이용자 수
③ **서로이웃 신청수**: 나에게 서로이웃을 신청한 이용자 수

✔ 내 블로그의 1, 2, 3등은 누구? 순위 확인하기

'순위'의 세부 정보를 클릭하면 일간별, 주간별, 월간별로 선택한 기간 동안의 조회 수와 공감 수, 댓글 수, 동영상 순위를 확인할 수 있습니다. 내 블로그의 어떤 글에 관심이 많은지 확인한 후 관련 글을 꾸준히 포스팅하면 블로그를 성장시키는 데 큰 도움이 됩니다.

① 조회수 순위

'조회수 순위'에서는 선택한 기간 동안 많이 조회된 게시물을 순서대로 100개까지 확인할 수 있습니다.

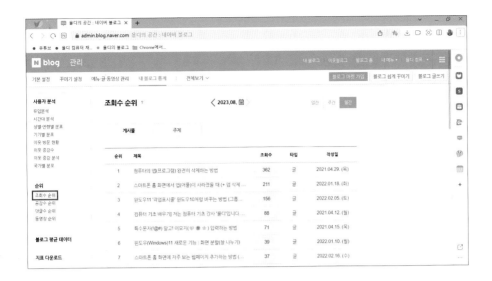

2 공감수 순위

'공감수 순위'에서는 선택한 기간 동안 공감을 많이 받은 게시물을 순서대로 100개까지 확인할 수 있습니다.

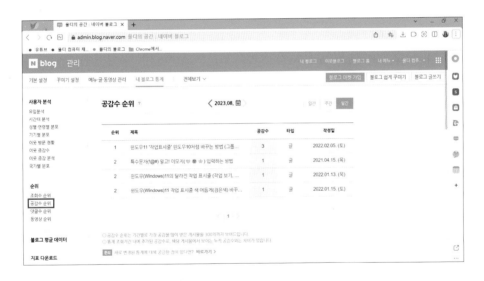

21 블로그로 돈을 벌 수 있다고요?

블로그에 글을 써서 돈을 버는 사람들이 있습니다. 블로그 운영에 따라 차이가 있지만 소소하게 커피 한 잔 값에서, 많게는 대기업 연봉 이상의 수익을 얻는 사람도 있답니다. '그렇다면 나도 한번 도전해 볼까?'라는 생각이 들지 않나요? 이번에는 블로그에 글도 쓰고 수익도 얻는 일석이조 방법을 자세히 알아보겠습니다.

1 | 애드포스트가 뭐죠?

블로그 글의 중간이나 마지막에 광고가 노출되는 포스팅을 본 적 있을 것입니다. 바로 네이버에서 제공하는 글을 쓰면서 수익도 얻을 수 있는 창작자 보상 서비스 '애드포스트(Ad-Post)'입니다. 애드포스트는 네이버 블로그에 포스팅한 글에 광고를 게재한 후 광고의 노출 및 클릭에 따라 발생한 수익을 배분받는 방식으로 운영됩니다. 블로그에 글을 써서 올리는 것만으로도 수익을 얻을 수 있어서 많은 블로거가 애드포스트 서비스에 관심이 많습니다.

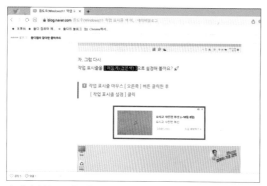

▲ 네이버 블로그에 노출된 다양한 형태의 애드포스트

✔ 애드포스트 회원의 가입 조건

애드포스트에 회원으로 가입하려면 다음 두 가지 조건을 충족해야 합니다.

1 19세 이상인 네이버 이용자

수입을 지급받으려면 소득세와 주민세 등 제세공과금을 부담해야 하므로 정책상 19세 이상의 성인으로 가입 대상을 한정하고 있습니다.

2 실명 인증된 네이버 아이디 1개로만 가입 가능

한 사람당 네이버 아이디는 최대 3개까지 만들 수 있지만, 이 중 실명 인증된 아이디 1개만
대표로 애드포스트에 회원으로 가입할 수 있습니다.

✔ 애드포스트에 회원 가입하기

애드포스트 서비스를 이용하기 위해 애드포스트 사이트에 회원 가입해 보겠습니다.

무작정 따라하기   **애드포스트에 회원 가입하기**

실습예제 | 네이버의 홈 화면에서 실습하세요.

1 실명을 확인한 네이버 아이디로 로그인하고 '애드포스트'를 검색합니다. 검색 결과
중에서 '네이버 애드포스트'를 선택합니다.

2 애드포스트의 홈 화면이 열리면 [애드포스트 시작하기]를 클릭합니다.

실명 인증된 아이디를 어떻게 확인할 수 있나요?

애드포스트에 가입하려는 네이버 아이디가 실명 인증된 아이디인지 확인해 보겠습니다.

실습예제 | 네이버의 홈 화면에서 실습하세요.

1. 네이버에 로그인한 후 로그인 영역에 있는 '네이버 ID'를 선택합니다.

2. 내 프로필 페이지에서 '내프로필'에 실명이 나오는지 확인합니다. 실명이 나오면 실명 인증이 완료된 아이디입니다.

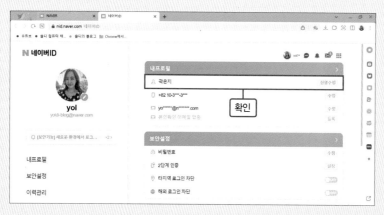

3. 만약 실명 인증이 안 된 아이디이면 [실명인증]을 클릭해 아이핀 또는 본인 명의 휴대전화로 인증해야 합니다.

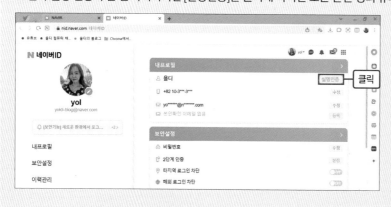

④ 애드포스트 회원 가입하기 페이지로 이동하면 애드포스트 회원에 가입하기 위한 약관에 동의하고 [다음 단계]를 클릭합니다.

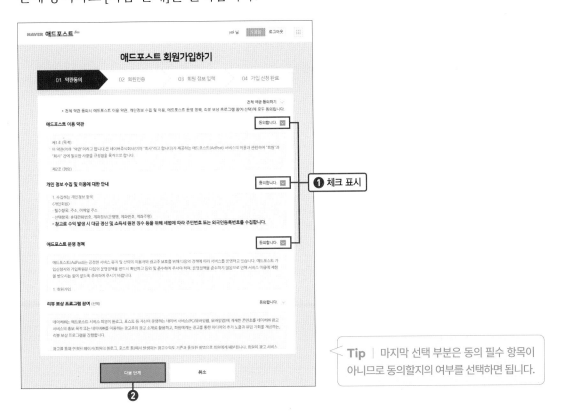

> **Tip** | 마지막 선택 부분은 동의 필수 항목이 아니므로 동의할지의 여부를 선택하면 됩니다.

⑤ 회원 인증 단계에서 회원 유형과 아이디, 이름을 확인하고 [다음 단계]를 클릭합니다.

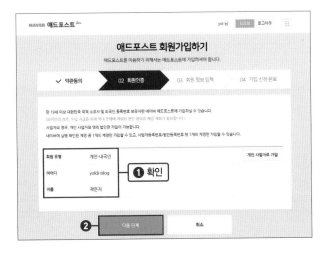

6 회원 정보를 입력합니다. 메일 주소는 필수 입력 정보이므로 [인증하기]를 클릭하세요.

7 [메일 인증] 창이 열리면 애드포스트를 관리하기 위한 정보를 받을 이메일 주소를 입력하고 [인증키 발급]을 클릭합니다. 입력한 주소로 발송된 이메일의 인증키를 확인해서 입력하고 [다음]을 클릭합니다.

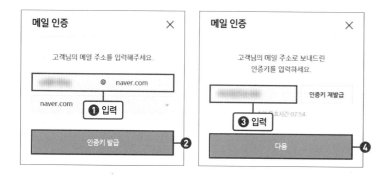

⑧ 메일 인증이 완료되면 [확인]을 클릭하세요.

⑨ 휴대전화 번호와 주소는 선택 사항이므로 정보 입력 여부를 결정해서 입력합니다.

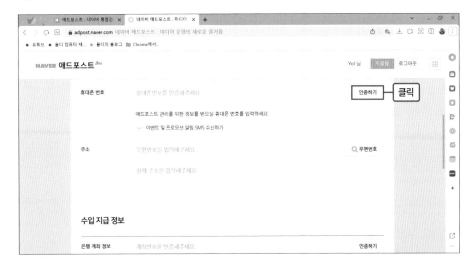

⑩ 수입 지급 정보를 입력하기 위해 '은행 계좌 정보'에서 [인증하기]를 클릭합니다.

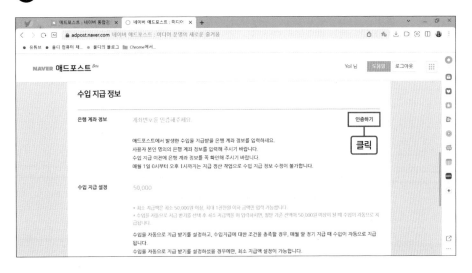

Tip | 수입 지급 정보는 애드포스트 가입에 필수 정보가 아니므로 인증하지 않아도 가입할 수 있어요.

⓫ [은행 계좌번호 인증] 창이 열리면 거래 은행을 선택하고 계좌번호를 입력한 후 [인증하기]를 클릭합니다. 인증되었다는 메시지 창이 열리면 [확인]을 클릭합니다.

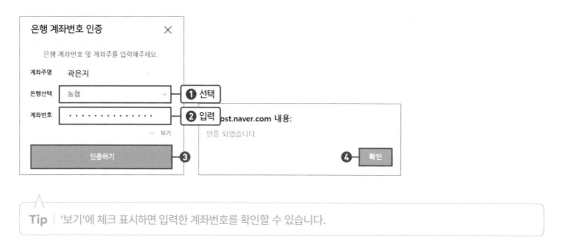

> **Tip** │ '보기'에 체크 표시하면 입력한 계좌번호를 확인할 수 있습니다.

⓬ 은행 계좌 번호가 인증되었으면 [확인]을 클릭하세요.

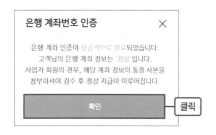

⓭ '수입 지급 설정'에 최소 지급액인 50,000원을 입력하고 '수입을 자동으로 지급받겠습니다.'에 체크 표시한 후 [다음 단계]를 클릭합니다. 이제 최소 수입 5만 원 이상을 달성할 때마다 편리하게 인증된 계좌로 자동 지급됩니다.

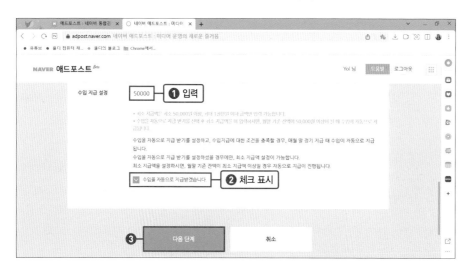

14 가입 신청되었다는 메시지 창이 열리면 [확인]을 클릭합니다.

15 애드포스트에 회원 가입이 완료되었으면 [확인]을 클릭합니다.

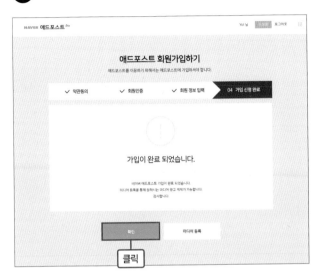

 애드포스트 광고 수익은 최소 5만 원을 달성해야 받을 수 있나요?

아닙니다. 개인 회원의 경우에는 100원 이상부터 전환 신청해서 수익금을 받을 수 있습니다. 최소 금액 설정
은 수입을 지급받는 수단에 따라 다릅니다. 처음 애드포스트에 가입할 때 등록한 은행 계좌로 '자동 지급 받기'
를 설정하면 월말 기준으로 애드포스트 수입 잔액이 5만 원 이상일 때 해당 계좌로 자동 지급받을 수 있습니
다. 만약 수입이 5만 원이 되기 전에 지급받고 싶다면 지급 수단을 '네이버페이'로 설정해서 수동 지급받으면
됩니다. 네이버페이는 1회 최소 100원 이상, 최대 5만 원 이하까지 전환 신청할 수 있어요.

2 | 애드포스트로 수익 창출하기

애드포스트에 회원 가입했다고 모든 블로그의 글에 광고가 게재되지 않습니다. 광고를 게
재할 미디어, 즉 여러분의 블로그가 광고 매체로 적합한지 확인하는 검수 절차를 거치고
이 검수를 통과한 블로그에만 광고가 게재됩니다.

✔ 내 블로그를 미디어로 등록하기

애드포스트 광고를 게재하려면 내 블로그를 미디어로 등록 신청해야 합니다.

무작정 따라하기 내 블로그를 미디어로 등록하기

실습예제 | 307쪽의 실습을 계속 이어서 따라 해 보세요.

1 307쪽에서 진행한 애드포스트 가입 완료 페이지에서 [미디어 등록]을 클릭합니다.

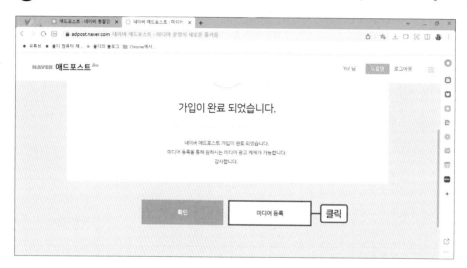

2 '미디어 등록' 화면이 열리면 [네이버 미디어 등록하기]를 클릭합니다.

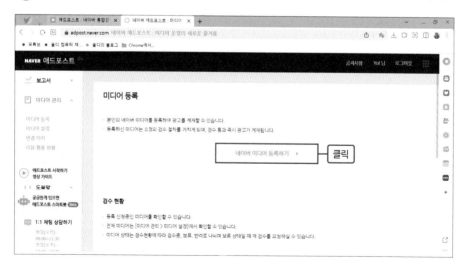

❸ '01. 미디어 선택' 단계에서는 광고를 게재할 미디어의 종류를 선택합니다. 여기에서는 '네이버 블로그'를 선택하고 [확인]을 클릭하세요.

❹ '02. 미디어 정보 입력' 단계에서는 미디어의 정보를 입력합니다. '미디어추가'의 '세부 미디어를 선택하세요.'를 클릭해 개설한 블로그를 모두 확인하고 등록할 블로그를 선택하세요.

5 '선호 주제 설정'의 '선호 주제를 선택하세요.'를 클릭해 운영하는 블로그의 콘텐츠의 내용에 따라 적합한 한 가지 주제를 필수로 선택하고 [확인]을 클릭합니다.

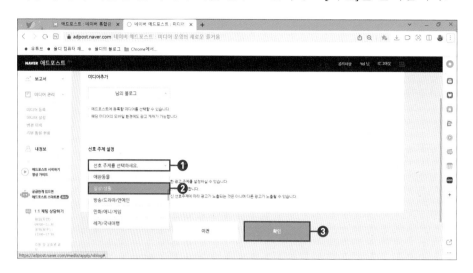

6 미디어 등록이 완료되면 미디어 검수가 진행됩니다.

✔ 애드포스트 검수하기

미디어를 등록하면 해당 미디어가 광고 매체로 적합한지 확인하는 검수가 진행됩니다.

1 검수 통과 기준

블로그 운영 기간과 방문자 수, 페이지 뷰, 게시글 수 등이 광고 매체로서의 품질을 최소한으로 보장할 수 있는지 확인합니다. 특히 운영 기간은 블로그 개설 후 90일 이상이면 신청할 수 있습니다. 단 네이버에서는 운영 기간을 제외한 자세한 검수 통과 기준에 대해서는 정확한 수치를 공개하지 않고 있습니다. 왜냐하면 검수 통과 기준을 공개할 경우 검수 통과만을 위한 단기적이고 비상식적인 콘텐츠를 생산할 수 있기 때문이라고 합니다.

> "90일 이상 블로그를 꾸준히 운영하며 방문자에게 좋은 정보를 줄 수 있는 글을 발행하셨다면 어렵지 않게 검수에 통과할 수도 있으니 한번 도전해 보시기 바랍니다."
>
> — 네이버 애드포스트 고객센터

2 검수 기간

검수 기간은 영업일 기준 최소 하루, 최대 5일 소요됩니다.

3 검수 결과 확인

애드포스트의 홈 화면에서 검수 결과를 확인할 수 있습니다.

무작정 따라하기 | 애드포스트에서 검수 결과 확인하기

실습예제 | **애드포스트의 홈 화면에서 실습하세요.**

1 미디어를 등록한 네이버 아이디로 로그인해서 애드포스트의 홈 화면에 접속한 후 [애드포스트 시작하기]를 클릭합니다.

> Tip | 애드포스트의 홈 화면에 접속하는 방법은 301쪽을 참고하세요.

② '미디어 관리'에서 '미디어 설정'을 선택하면 검수 현황을 확인할 수 있습니다.

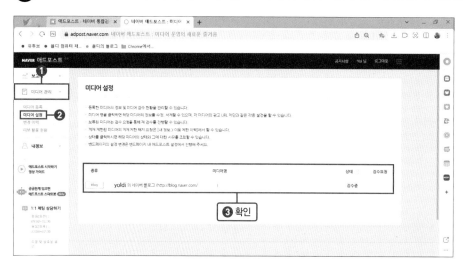

검수 현황	상태
검수중	검수가 진행 중인 상태
보류	검수 기준에 부합하지 못해 보류된 상태
정상	검수가 통과되어 광고 게재가 가능한 상태
반려	검수 기준에 부합하지 못해 게재할 수 없는 상태
게재 제한	미디어에 결격 사유가 발견되어 광고 노출을 제한한 상태
영구 게재 제한	게재 제한의 빈도가 늘어나 해당 미디어의 광고 노출이 영구히 제한된 상태 또는 주요 정책에 위반된 사항이 발견되어 광고 노출이 정지된 상태

③ 미디어 등록 검수가 통과되면 등록한 해당 블로그에 바로 광고가 게재됩니다.

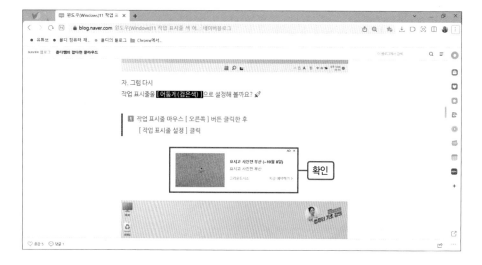

✔ 블로그 글에 광고 게재 설정하기

검수에 통과했다면 등록한 미디어에 광고가 자동으로 노출됩니다. 이번에는 광고 노출 상태와 노출 여부 선택, 광고 위치 변경 등을 세부적으로 설정해 볼게요.

1 애드포스트 홈페이지에서 광고 게재 설정하기

이번에는 애드포스트 홈페이지에서 미디어에 애드포스트 광고 게재를 허용하도록 설정해 보겠습니다.

무작정 따라하기   애드포스트 홈페이지에서 광고 게재 설정하기

실습예제 | 312쪽의 실습을 계속 이어서 따라 해 보세요.

1   미디어를 등록한 네이버 아이디로 로그인한 후 애드포스트의 홈 화면에서 [애드포스트 시작하기]를 클릭합니다.

2   '미디어 관리'에서 '미디어 설정'을 선택하고 미디어로 등록된 블로그를 선택합니다.

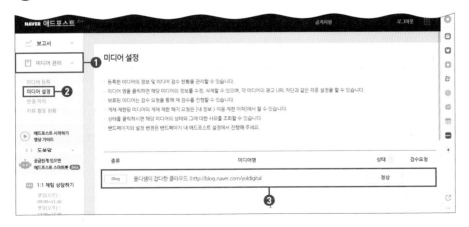

③ 미디어와 관련된 정보를 설정할 수 있는 창이 열리면 [미디어 설정]을 선택하고 '애드 포스트 광고 게재 설정'에서 '예'를 선택한 후 [확인]을 클릭합니다. 미디어 설정 수정이 완료되었다는 메시지 창이 열리면 [확인]을 클릭해 글에 광고를 게재합니다.

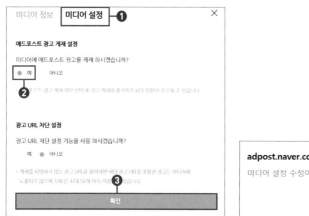

2 내 블로그에서 광고 게재 설정하기

내 블로그에서 광고 게재 여부를 설정하면서 광고의 위치도 지정해 보겠습니다.

무작정 따라하기 | **내 블로그에서 광고 게재 설정하기**

실습예제 | 내 블로그의 홈 화면에서 실습하세요.

① 내 블로그의 홈 화면에서 프로필 영역에 있는 '관리'를 선택합니다.

2 [관리] 페이지가 열리면 '메뉴·글·동영상 관리'에서 '플러그인 연동·관리'의 '애드포스트 설정'을 선택합니다. '애드포스트 사용 설정'에서 '사용'을 선택하고 [확인]을 클릭해 설정 변경을 완료합니다. 그러면 블로그 포스팅 글 중간의 본문 영역과 하단 영역에 광고가 게재됩니다.

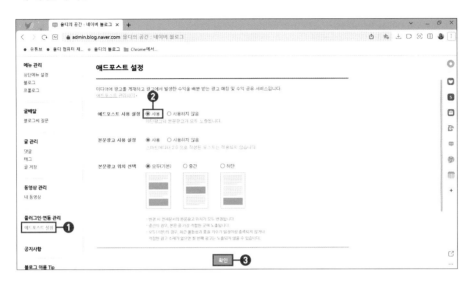

3 성공적으로 반영되었다는 메시지 창이 열리면 [확인]을 클릭해 블로그 글에 광고를 게재합니다.

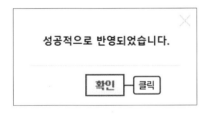

22 일상의 생생한 순간을 모먼트에 담아보자

글로 많은 정보를 전달할 수 있지만, 생생한 현장의 느낌이나 분위기를 전달하는 데는 한계가 있습니다. 그래서 글의 중간중간에 사진이나 동영상을 추가해서 부족한 부분을 채우는 것이 좋죠. 특히 동영상으로 다양한 정보를 전달하고 싶은데 동영상 편집이 생각보다 어렵고 복잡해서 망설여질 수 있어요. 이 경우 '네이버 모먼트'를 이용하면 쉽고 간편하게 동영상 촬영부터 편집까지 할 수 있습니다.

1 | 블로그 모먼트가 뭐죠?

블로그 모먼트(Moment)는 스마트폰의 '네이버 블로그' 앱에서 초보자도 쉽고 빠르게 동영상을 제작할 수 있는 숏폼(shot-form) 동영상 에디터입니다.

▲ 틱톡(TikTok)

▲ 쇼츠(Shorts)

▲ 릴스(Reels)

▲ 모먼트(Moment)

최근에는 1분 이하의 짧은 동영상이 전 세계적으로 큰 인기를 끌고 있죠? 틱톡(TikTok)을 시작으로 유튜브의 쇼츠(Shorts), 인스타그램의 릴스(Reels) 등 다양한 숏폼 동영상을 업로드할 수 있는 플랫폼이 많아졌습니다. 이에 따라 네이버에서도 '네이버 블로그' 앱을 통해 몇 번의 터치만으로도 숏폼 동영상을 제작할 수 있는 '블로그 모먼트' 동영상 에디터 서비스를 제공하고 있습니다. 블로그 모먼트는 다음 세 가지 장점을 가지고 있습니다.

장점 1 '촬영' → '편집' → '등록'까지 터치 몇 번으로 쉽고 빠르게 동영상을 제작할 수 있습니다.

▲촬영　　　　　　　　　▲편집　　　　　　　　　▲등록

장점 2 다양하고 특별한 정보 스티커를 제공합니다. 사진이나 동영상 위에 유용한 정보가 담긴 귀여운 스티커를 붙여 꾸밀 수 있습니다.

장점 3 '네이버 블로그' 앱의 홈 화면과 통합 검색 결과 등에 모먼트가 노출되어 좀 더 많은 사람에게 내 블로그를 알릴 수 있습니다.

▲ 사진 위에 스티커를 붙여서 정보를 강
조한 경우

▲ '네이버 블로그' 앱 화면에 노출된 모
먼트

▲ 통합 검색 결과에 노출된 모먼트

2 | 블로그 모먼트 만들기

블로그 모먼트는 스마트폰의 '네이버 블로그' 앱에서 만들 수 있습니다. 초보자도 쉽게 모
먼트를 배울 수 있으니 차근차근 따라 해 보세요.

✔ 1분 만에 숏폼 동영상 뚝딱 만들기

'촬영' → '편집' → '등록'의 간단한 3단계만 거치면 모먼트를 만들 수 있습니다.

무작정 따라하기 숏폼 동영상 만들기

실습예제 | '네이버 블로그' 앱에서 실습하세요.

1 스마트폰에서 '네이버 블로그' 앱을 실행하고 [만들기]
를 터치합니다.

② '카메라' 앱이 실행되면 사진이나 동영상을 촬영할 수 있어요. 여기에서는 미리 찍어둔 사진과 동영상을 불러오기 위해 '라이브러리'()를 터치하세요.

터치

③ 휴대전화에 저장된 동영상이나 사진을 차례대로 선택하고 [확인]을 터치합니다. 선택한 동영상이나 사진이 순서대로 연결되면서 하나의 모먼트가 완성되면 [다음]을 터치하세요.

Tip | 모먼트 동영상은 세로로 보여지므로 가로 동영상보다는 세로 동영상이나 사진을 사용하는 게 좋아요.

4 '내용을 입력해 주세요. (최소 10자)' 부분을 터치해 모먼트의 내용을 입력하고 [#태그추가]를 터치한 후 모먼트 키워드를 입력합니다. '전체공개'를 선택하고 [등록]을 터치하세요.

Tip | 내용은 최소 10자 이상 입력해야 합니다.

5 '내 모먼트'에 편집한 동영상이 저장되었는지 확인합니다.

만든 모먼트는 어디서 확인할 수 있나요?

'네이버 블로그' 앱에서 내 블로그의 홈 화면을 열고 오른쪽 위에 있는 ☰를 터치한 후 MY 메뉴의 '내 모먼트'에서 만든 모먼트를 확인할 수 있습니다. 만약 내 블로그의 홈 화면에 모먼트가 보이지 않으면 265쪽의 홈 화면 편집 방법을 확인해 보세요.

▲ 내 블로그의 홈 화면 → 'MY메뉴'의 '내 모먼트'에서 만든 모먼트 확인하기

✔ 내 모먼트를 더욱 멋지게 제작하기

네이버 모먼트에는 정보를 더하거나 꾸밀 수 있는 꿀처럼 유용한 정보 스티커, 텍스트 추가, 스타일, 필터, 보정 기능이 있으므로 잘 활용해 보세요.

1 정보 스티커 추가하기

다양한 정보 스티커를 통해 장소, 쇼핑, 내 블로그, 영화, 책, 뉴스 등의 정보를 모먼트에 추가할 수 있습니다.

무작정 따라하기   정보 스티커 추가하기

실습예제 | '네이버 블로그' 앱에서 실습하세요.

❶ '네이버 블로그' 앱에서 318쪽의 ❶~❸ 과정을 동일하게 진행하고 새로운 정보 스티커를 추가하기 위해 '스티커'(🄜)를 터치합니다.

2 다양한 기능의 스티커가 표시되면 '장소'를 터치합니다.

❶ 장소: 사진, 동영상 속의 장소 또는 현재 위치 정보를 제공합니다.

❷ 쇼핑: 리뷰하고 싶은 상품 정보를 제공합니다.

❸ 내 블로그: 내 블로그의 포스팅한 글을 홍보합니다.

❹ GIF 스티커: 다양한 GIF 이미지로 모먼트를 꾸밀 수 있습니다.

3 장소 검색 창 화면에서 위치 정보 이용 약관에 동의하면 사진이나 영상의 GPS 정보를 바탕으로 사진과 동영상, 그리고 현재 주변 장소를 먼저 검색합니다.

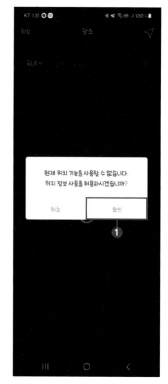

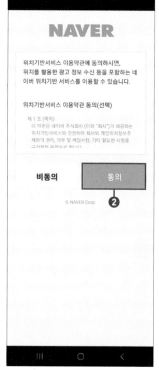

④ 검색 창에 공유하고 싶은 장소를 직접 찾아 추가할 수 도 있습니다. 여기에서는 '정방폭포'를 검색한 후 추가할 장소 를 터치하세요.

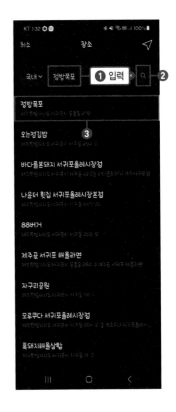

⑤ 화면 가운데에 장소 이름이 적힌 스티커가 나타나면 원하는 위치로 드래그해서 옮길 수 있습니다.

⑥ 장소 스티커를 터치해 배경 색과 투명도를 설정하고 [확인]을 터치합니다.

⑦ 모먼트를 업로드하면 내 모먼트 속 장소가 궁금한 사람들이 이 스티커를 터치했을 때 플레이스(장소) 정보를 바로 확인할 수 있습니다.

2 텍스트 추가하고 꾸미기

모먼트에 텍스트를 입력하고 글자 색이나 디자인 서식 등을 지정할 수 있습니다.

실습예제 | '네이버 블로그' 앱에서 만든 모먼트에서 실습하세요.

❶ '네이버 블로그' 앱에서 만든 모먼트에서 사진이나 동영상을 선택하고 '텍스트'(🕂)를 터치한 후 텍스트를 입력합니다.

❷ 텍스트에 다양한 폰트 디자인을 지정할 수 있습니다. 텍스트의 정렬 방식과 색상, 투명도를 설정하고 [확인]을 터치한 후 텍스트를 원하는 위치로 드래그해서 이동하세요.

3 사진이나 동영상에 스타일과 필터 지정하고 보정하기

모먼트에서 제공하는 12개의 기본 템플릿 스타일을 클립별로 적용할 수도 있고, 필터나 보정 기능을 이용해 사진과 동영상의 톤을 조정할 수도 있습니다.

무작정 따라하기 사진이나 동영상에 스타일과 필터 지정하고 보정하기

실습예제 | '네이버 블로그' 앱에서 만든 모먼트에서 실습하세요.

1 '네이버 블로그' 앱에서 만든 모먼트에서 사진이나 동영 상을 선택하고 '스타일/필터/보정'(◉)을 터치합니다.

2 '스타일'을 터치하고 12개 스타일 중 하나를 적용한 후 ✓ 를 터치해 스타일을 설정합니다.

Tip | [전체 적용]을 터치하면 모든 사진 과 동영상 클립에 똑같은 스타일을 적용 할 수 있어요.

③ 이번에는 '필터'를 터치하고 다양한 톤의 필터 중 하나를 적용한 후 ✔를 터치해 필터를 설정합니다.

④ 이와 같은 방법으로 '보정'을 터치해서 밝기, 대비, 채도, 선명도, 색 온도를 세부적으로 조절하고 ✔를 터치해 설정을 완료하세요.

5 동영상에 쉽고 간단하게 프레임을 추가하고 분위기를 변경했으면 [다음]을 터치합니다. 내용과 태그를 추가하고 공개 상태를 설정한 후 [등록]을 터치하세요.

6 모먼트가 등록되면서 '내 모먼트'에 편집한 동영상이 저장됩니다.

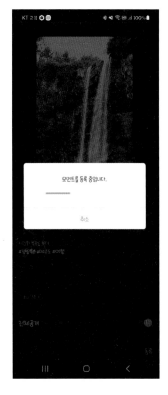